AF131523

DAME NATURE

Mail : MBailon-poesie-vie@orange.fr

Martine Bailon

DAME NATURE

© 2022 Martine Bailon
Édition : BoD – Books on Demand, info@bod.fr
Impression : BoD – Books on Demand, In de
Tarpen 42, Norderstedt (Allemagne)
Impression à la demande
ISBN : 978-2-3224-2445-0
Dépôt légal : août 2022

Les mots sont les passants mystérieux de l'âme

Victor Hugo

La poésie, c'est tout ce qu'il y a d'intime dans tout

Victor Hugo

La poésie c'est un des plus vrais, un des plus utiles surnom de la vie

Jacques Prévert

A ma maman qui m'a donné la vie

Et à mon petit-fils de trois ans,

Quatre-vingt-douze ans les séparent

A tout ceux que j'aime, ils se reconnaîtront

A la gloire de mon cœur

Dis-moi les merveilles de mon cœur,

Ses cratères de blé d'or,

Ses donjons d'amour enfermés,

Ses secrets bien gardés,

Ses carrières de lumières...

Toutes ces richesses que je veux avec toi partager, te les faire connaître mieux. Le cœur est ce tabernacle doré qui résonne en chacun et nous, aveuglés par ses résonnantes brillances... Arrêtons-nous sur ses infatigables rythmes dansants, ce tempo de la vie.

Nous sommes ses admirateurs divins et lui offrons des fleurs en guise de bonheur et reconnaissance, des fleurs colorées, vivaces et vitaminées. Il est là, unique, un ami sur qui compter, nuit et jour, jour et nuit, jour après nuit, nuit après jour... Cet infatigable ami, le gardien de nos mille et une nuits, ce livre en or qui chaque jour, inlassablement, tourne les pages de notre vie.

Mon cœur est cette vague solitaire et magique qui s'étire, se brise et s'efface, aux abois d'un meilleur moi. Jamais il ne dort et c'est là son bon droit, il pense toujours à moi.

Dans mon corps protégé puisais-je te chérir d'un amour sans nul pareil ? Avec mes yeux tu apprécieras la fraîcheur du torrent, du désert la beauté. Souvent exposé à des contraintes, des ennuis, des courses folles, peines, chagrins, souffrances, tu mènes la garde et deviens le témoin, l'arbitre de mes multiples combats et tu subis les intempéries de mon âme. Tu batailles avec moi, pour moi et nos victoires des arcs-en-ciel génèrent. Te voilà le récepteur et réceptacle de mes humeurs, tu reçois des informations et m'envoies des missives. Notre communication bat son plein.

Je vis un chagrin et tu as le cœur gros, si je suis indécis, tu me donnes un coup de cœur et interviens dans mes choix. Tu as parfois le cœur léger, gros ou bien tu as mal au cœur mais toujours tu me donnes du cœur à l'ouvrage.

Tu finis par t'adapter à des états d'âme qui vont et viennent, de-ci de-là, …, tu retrouves ton ancrage et si je suis d'une humeur glaçante, tu es toujours chaud. Il t'arrive parfois de te déchaîner, de t'emballer, de faire preuve de folie et je prends cela pour avertissement.

A l'écoute de ta voix, de l'écho de ta voix qui résonne en moi, je me mets en peine de t'épargner, de t'éloigner des mauvais traitements, vigilante et amoureuse, je veux t'écouter, te parer d'une beauté interne et sans retenue, t'offrir un bonheur dû. Je prends à cœur d'entendre vibrer tes cordes, battre l'instrument qui pour moi joue sans relâche et je sais que tu as plusieurs souffles à ton arc, tes cordons longs se distraient en jouant du violon. La voix de mon cœur pure et enjôleuse dessine le cor d'un cerf, je lui ouvre mes bras mais elle ne peut pas, sa voix me transperce et mes mots la troublent.

Tu as des odeurs pourpres qui animent ma bravoure, il y a le feu en toi. Tu es ma huitième merveille, le rubis qui scintille et avec toi je vis une histoire d'amour qui a mon âge ; je te donne mon cœur, ma vie, à toi que je ne connais pas par cœur j'accepte d'être ton accroche-cœur, ton éternel figurant, ton miroir.

Tu es là tout près de moi, tu t'imposes à moi pourtant, je ne peux te voir ni te toucher. Seul un amoureux a posé sur toi l'oreille et entendu des fonds marins. Toi, discret, tu m'écoutes ; nous sommes les miroirs aveugles l'un de l'autre. Je partage avec toi des moments intimistes sans t'apercevoir. Tous deux nous rimons nos vers sereins pour en faire des quatrains et nous avons le même bagage pour entreprendre un long voyage. Tu es mon guide aimant qui vogue dans un inaccessible espace, tu es ma pierre précieuse, mon rubis énergique et énergisant aux mille éclats.

Nos bougeons à l'unisson, de toi je ne peux me défaire, tu es mon passeport aux trente-deux pages indissociables. Je connais un peu de ton identité, je sais le jour où tu as vu le jour.

Tel un navire rouge amarré aux solides cordages, tu me livreras ton trésor rouge sang, dégaineras sans t'attarder le flux qui sera le tien : le bon, le lent ou bien le turbulent.

Tel un marin, le cœur léger, tu pêcheras des poissons bleus dans les eaux rouges de tes deux ventricules et dans tes deux oreillettes, leurs amies.

Ton double peut montrer ses dents ou avoir du baume au cœur, sentir le vent souffler dans ses veines et t'insuffler les mélanges colorés de la vie. Il peut être à l'image de mon ciel bleu, porter la fleur de mon humeur ou bien se montrer sulfureux, arrogant, tout feu tout flamme et engendrer des tempêtes.

Frida Kahlo a peint *Les deux Fridas*, deux autoportraits, deux cœurs à l'âme déchirée, sortis de leur antre et reliés par une longue veine si fragile que son Diego, funambule, au cœur voyageur, ne s'y aventurerait pas.

Ce double-portrait, la Frida d'avant et la Frida d'après, toutes deux montrent ostensiblement un cœur brisé, brisé par la souffrance physique et aussi par une récente souffrance morale, celle de la séparation. Un amour perdu, c'est un cœur blessé dans les abîmes de son moi.

Francis Bacon ferait de toi un écorché vif, longiligne, écartelé entre deux carcasses de bœuf, aplati comme une chauve-souris suspendue dans une grotte, une marionnette par un élastique retenue, étirée à l'excès et ton *double* émettrait un grand cri, le cri de l'horreur, *le Cri* de Munch, le cri de l'univers.

Jérôme Bosch, lui, te prendrait en laisse avec une de tes veines et te ferait une injection de botox, te gonflerait comme un ballon de baudruche et te mettrait ensuite à bouillir dans un chaudron afin de rassasier des convives affamés de l'enfer.

Revenons à des considérations plus luxuriantes et moins excessives. Tant que tu es rouge, mon inquiétude est vaine, tu es mon saint spirituel et mise tout sur toi. En mon sein tu poursuis tes battements d'ailes, en toi je mets mes espoirs de long chemin, de chemins longs. Tu es singulier et tes accents pluriels.

Avec moi, tu ne t'ennuies pas ; je te confesse mes peines de cœur, tu es mon confesseur, mon éternité, mon horloge éternelle, le fruit qui témoigne de ma vie et le registre de mes émotions.

Mon baromètre te sert de guide. Tu es mon wagon et nous allons bon train.

 En hiver tu frissonnes mais la froideur ne te fait pas peur, tu bats posément dans l'attente d'un réchauffement, les jours tristes tu portes ton habit de pluie. Ton sourire te retrouve à l'apparition du printemps, tu transpires en été et te dorlotes à l'automne venu. Quand je suis en perte de vitesse, tu me donnes des coups d'accélérateur. Tu vis dans le grand bain de mon quotidien, tu es le spectateur de mes moments de jouvence et de désespoir.

Si tu étais une fleur, tu serais un coquelicot, une musique un morceau de piano, une œuvre d'art un Picasso. Si tu étais une étoile toujours tu me guiderais.

 A l'image d'un arbre tu prendrais l'allure d'un if ou bien d'un cyprès, à l'image d'une montagne les Pyrénées tu serais.

Tu as un goût sucré et les effluves de ton parfum sont celles d'un beau matin. Tu es ce mage qui m'apporte le message d'un jour sans ombrage.

Je ne veux pas te voir pleurer des larmes carminées, tu es le must de mon créateur, l'enfant qui en moi achève sa croissance. A tous ceux qui m'habitent : entrailles, appareil digestif, respiratoire... Je leur dis respect pour ce cœur qui aurait dû être féminin et la rate masculine comme la souris l'est et le rat non.

Toi, le château d'eau de mon corps, la peine s'abat sur moi et tu éclates de douleurs, répands l'effroi et l'incompréhension autour de toi. Des envies de vengeance t'envahissent mais tu refuses de baigner dans ton sang. Tes convictions me séduisent et je les fais miennes, tes empreintes me font du bien et la séduction atteint son paroxysme.

Pour prendre des nouvelles de ta santé, je dois passer un test à l'effort, un examen clinique nommé électrocardiogramme mais qu'importe, cela me rassure.

Tu détiens ma responsabilité, sans toi je ne suis rien. Tu es royal, tu es ce roi qui gouverne dans mon domaine, un infiltré qui remplit sa mission et m'accompagne dans le sillon de ma vie. A l'heure de ma mort, nous n'aurons peut-être pas le temps de pleurer ensemble, la matière grise ne pourra peut-être pas échanger avec la mer rouge.

Un ange sonnera ma dernière heure et notre chemin prendra fin, ce sera la fin de notre duo. Tu seras l'ultime voix de mon destin, tu porteras mon deuil, je porterai le tien.

A ce jour laisse-moi encore un peu en ta compagnie, tu es une histoire d'amour qui a mon âge, continues à me charmer de ta gaieté. Je veux être encore la tige qui soutient ta fleur, te porte et imagine ton armure qui chaque jour brille des délices de la vie. Une vie de cœur, un cœur en vie.

Je ne peux t'oublier, continuons à vivre comme deux jumeaux qui se prennent en charge.

Jamais je ne te mettrai en quarantaine, je t'aime trop. Tu es mon maître et je suis maître de toi.

Continuons à profiter l'un de l'autre.

Bien à toi, mon amour de cœur.

> Dans un petit coin de mon cœur
> J'ai trouvé le bonheur
> Je t'y invite avec ardeur
> Un petit grain de folie pour ta vie.

Absurde

Tout concorde

Une corde tourne

En ronde ronde

De l'amour.

L'homme vole

L'homme pourpre

L'homme marche

En lui se signe

L'éternité d'une vie de lumière

Sous un toit dépourvu d'ardoise

Un essaim de rien

S'engouffre dans le vide

Son esprit est là heureux

Il est là tout heureux

Adieu

Dans l'extrême du temps

Quelques minutes de surplus

Dans la vérité d'un quart d'heure

Le temps des vestiges

Le temps des vertiges

Des moments sans temps

Ne restent pas bien longtemps

Les temps longs n'existent pas

L'instant d'un instant

Qui n'a plus le temps

Le temps de l'extrême

Ne se fait plus attendre

Attention éphémère

A ce qui n'est déjà plus.

Belle Nature

Dans un ciel gris,

Un arbre aux rares feuilles décousues,

A travers lui, je perçois

Les branches d'un autre arbre nu

Qui, d'un aspect mort,

Sans feuilles passera

Sa morne saison.

Eux, les arbres resteront là, se mouvant

Au gré du vent,

Espérant

La fin d'un temps

Pour se vêtir à nouveau,

De l'ombre alors nous protégeront,

Les oiseaux abriteront

Et notre admiration mériteront.

C'est ainsi, un appel

Ma liberté est mon ombre

Mon étoile un phare

Toutes deux me montrent

      Le chemin

Mué par celle qui me suit

Accaparé, subjugué par celui

Qui ne se calme pas

Qui montre le chemin aux marins

Les uns de la mer

Le bout du monde

Une fin de la terre

Les autres de la terre

Le monde salin

      Des marins

Quand finit celui des terriens

Les uns enterrent

Les autres jettent à la mer

L'odeur du vent marin n'a pas son semblable

      A terre

Terres et mers ont leurs experts

La terre est en vue

La mer est aperçue

Les pirates sont en mer

Ou bien de l'air

A terre tout ne tourne pas rond

      Les yeux de la mer

Ne voient plus clair

Sa bouche ne cesse de s'agrandir,

Grandir, grandir,

Son nez Pinocchio

Cherche au loin

Quand sa chevelure frise toujours

      Là tout va bien

 Là rien ne va plus

Des instants calmes, tumultueux,

      L'accalmie, la rage, l'orage

Un bonheur, une douleur

Un moment de l'éphémère,

      Un moment de sans fin

L'appel sera celui de la révolte.

Champ visuel

La peur d'un soir

La peur d'une tache noire

La peur d'un mot noir

Qui change toute une histoire

Celle d'un dessin jeté sur un trottoir

La peur d'une rue noire un soir

Une histoire sur un trottoir

Le dessin d'une tache noire

Se jette sur un miroir

Les rues sont nues, les arbres feuillus

Les bancs se plaignent de solitude

Les voitures ne bougent plus,

Ne se croisent plus.

Les journées ont perdu leurs lumières,

Les nuits sont désertes,

La vie n'a plus de mode

Son temps est le présent

Son sens figuré.

Tout se joue au conditionnel

Sous un chapiteau endeuillé.

Elle ne songe plus à se faire belle

Car ses sorties sont comptées

Ses adjectifs ont disparu

Son verbe imprécis

Ses phrases désuètes

Elle traîne sa ponctuation

Sa musique tout en pause

Et demi-croches

Car elle n'a plus un sou en poche

Ses instruments se taisent

Pour un temps inconnu

Le rythme des passants

Lui a pris un âge certain

Dans les demeures

Les parquets sont devenus muets

Leurs bois restent sans voix

Leurs occupants

Ont peur d'avoir faim

Et boivent en attendant la fin

Tout est incertain

L'union a perdu son trait

Les mots se sont cachés

Les langues ont pris des rides

Dans un monde de peurs plurielles

Qui s'appauvrit.

Comprendre

Je tiens mes yeux dans les tiens

Tu as compris pour le moins

Tu es parti sans remords

As dit à tes consorts

Tous les avants sorts

Que tu signes à tort

Comme un revolver mort

Tes mots sont les plus forts

Tu en oublies le nord

Tu vises un meilleur confort

Que tu veux comme un lord

Tu adoptes un nouveau port

Une vie autre que tu mords

Et toi tu t'endors

Quand l'être du passé sans réconfort

Dans un ultime effort

Voit sa mort.

Couleur grise

Son sourire écrit un long texte

Sa chevelure grise

Parle d'une vie passée

Ses rides en disent long

Sa vie est un livre ouvert

Un livre long et court à la fois.

Il y a tant et tant de choses

Que l'on aurait aimé

Découvrir ou faire avant

Mais avant quoi

Où se situe cet avant

Avant un autre avant

Il faut compter sur la liberté et la maturité

Qui ouvrent les portes

De la nouveauté

De la beauté.

Dans la nuit

Dans la noirceur de la nuit

Vit l'ennui

Les lignes de ma vie

Les rides de mes mains

Font leurs chemins

Ce petit point noir

Apparu sur mon poignet

Tout petit qu'il est

Est venu me saluer

Un beau matin

Comme un bijou

Je le regarde d'un œil malin

Il me tient compagnie

Dans le noir de la nuit

Au petit jour aussi

Cet ornement discret

S'est imposé et me nargue

Je temporise puis m'amuse

Un deux trois sans toi

Un deux trois tu es toujours là

Avec le temps il grossit

Fait des petits

Je ne vous parle pas

Des taches brunes sur ma main

A l'aise elles s'étalent

Ici des flocons clairs

Là une écume foncée

Rien ne change la nuit.

Dans le temps de la nuit

Dans la nuit de mon temps

Dans le temps de ma nuit

Les oiseaux se mélangent

Geais et mésanges

Chantent tout leur temps

Cette nuit changera la vie

Tout leur échappe

Pour eux

Le temps n'existe pas

Les malheurs s'envolent

Les bonheurs pleurent

L'avenir n'a pas de pluie

Le soleil brille jour et nuit

Les étoiles sont absentes

Mais reviendront

Reines d'un jour

Alors j'écouterai

Les messages des sages

Les sèves de mon jardin

S'écouler sans fin.

De passage

Le bonheur est plénitude

La fin d'un bonheur

Se nomme souvenir

La fin d'un souvenir lassitude

    Et vieillesse

Alors cessent les envies de la vie

Mais elle s'accroche avec des petits

    Bonheurs parfois.

Les jours sont rengaines

Les semaines les mêmes

Les mois laissent sans voix

Les années mêlées

Alignées bien fatiguées

Passent sans arrêt aucun,

L'air de rien, sans préavis

Insidieuses et malicieuses

Elles nous abandonnent

Moches et lâches à la fois

Infatigables guerrières

De tous les temps.

Dépourvues de tact

Elles nous attaquent

Grandiloquentes nous embrassent

Nous embrasent et consument

Sans fin jusqu'à notre dernier souffle.

Les années avec nous s'épuisent,

S'effacent, s'essoufflent…

Définitivement

Irrémédiablement.

Des mots

Dans la jungle de ma mémoire je trie,

Je déchiffre des mots cachés,

Les mots bleus de mon jardin fleuri.

 La lumière dans mon cœur je cherche

Je capte, j'attrape...

Le mot fleur, le mot peur, le mot bonheur

Et tel un pêcheur je guette

Mon hameçon en quittant

 Ma raison et caresse des idées célestes.

Ces mots deviennent des diamants

Au soleil couchant

Et des atours

Au lever du jour.

Je suis la route des mots lustrés aux sons caressés,

Les yeux exorbités pleins de mots larmoyants,

Je pleure car j'ai peur.

Je piste alors les veines des mots champions

Qui en disent long.

Les mots parlants, les mots cinglants

Qui blessent un cœur en touche.

Les mots clés qui ouvrent des portes

Et respirent un air pur.

Les mots admirateurs n'ont plus peur

Et applaudissent la vie des senteurs.

Ceux-là restituent mes envies

Et ceux-ci ont beaucoup d'amis

Dans un coin de paradis au pays de la poésie.

Toujours je bats le fer avec un mot à l'envers,

Telles des aiguilles dans le foin,

Ils entonnent un refrain.

Le refrain du bonheur qui n'a pas d'heure.

Les mots de l'amour qui dessinent des fleurs,

Les fleurs bleues des océans,

Les fleurs bleues des amants,

Ils sont sucrés ou bien salés

Toujours adorés, sublimés.

Destruction

Un craquement sous mes pieds

Une larme prend son temps

Un mot et l'amour meurt

Divin arbre nu de plaisir

Le visage ouvert je le mire

La lame du bûcheron l'effraie

Le son de la tronçonneuse

Rompt ses nœuds souffrances

D'une présence mutilée

Sous le poids d'un corps déraciné

Dans un bruit strident

Les dents d'une scie assassinent

La terre supporte ce corps allongé

Par l'homme assassiné démembré

Démantelé à tout jamais

Un arbre une vie agonise à terre

Détruire sans reconstruire

Au simple mot d'une égoïste production

L'âme en fête le coupeur s'en va en quête

D'une autre tête à abattre dans un bruit

Froid assassin de l'air sur son passage

Ultime raison qui reste sans nom

Les tailleurs savent ce qu'ils font

Les coupeurs sèment la terreur

Et font fureur auprès des vainqueurs

Transporteurs de troncs convoités

Pourvoyeurs de fonds insoupçonnés

La richesse est dans le bois

Quand la forêt est aux abois.

Dévotion

Dans l'abîme de son sourire

J'ai toujours droit de visite,

Dans son jardin le premier cueilleur je demeure,

Dans sa demeure son unique confident,

Jamais sur les dents je repose sur son divan,

Glisse sur le temps des instants de paille couverts.

Tu es le roi de ma vie, les symptômes de mes
envies,

Ma montagne acrobate aux tentacules de mille
battes,

Mes espoirs de longues dates dans un écrin de
velours qui n'a pas d'âge.

Pour toi j'écrirai un déluge de pages.

Tu es mon expérience à vie, mon expérience de
vie au royaume des gens heureux.

Tes tics sont parfaits dans l'univers des imparfaits,

Ton caractère austère a ses jours de lumières
audaces.

Sans toi les lilas blancs n'ont plus de fleurs et les
arbres sont en sueur.

Un jour des nuages bouillonnants s'alarment
devant ta pâleur

Et le soleil couchant se veut réconfortant.

La couleur du lendemain a un tout autre visage

Et regorge d'étoiles à la saveur miel.

Elle

Une étoile me regarde
M'ouvre ses bras
Me dit un peu pâle
Me prend sous son aile
Couvre mes épaules
Et chauffe mon cœur.

Une étoile m'écoute
Se montre fière de moi
Se veut protectrice
Sans perdre sa lice
Elle est amatrice
De mon envers
De mes travers
Toujours verts.

Une étoile se réjouit
De mes exploits,
Goûts et parfums
Et me prédit une vie filante.

En Cotentin

Une pluie d'étoiles bleues

Dans le ciel se meut

Une nuée de plumes

 Grises s'étire

Les fleurs, elles, s'ouvrent

Sur la clarté d'un été

Au pis-aller dans une allée

Les hortensias mauves

Discutent de leurs coiffes

En agitant leurs cils

Ils gardent leurs beaux profils bas

Là tels des gardiens

De temples ou bien citoyens

Des hameaux, bourgs et centre-bourgs.

En vacances

Une mer qui fait son chemin dans un élan sans retenue, pas toujours calculé.

Je dis non à la soupe du chaudron de l'Enfer et oui aux desserts du Paradis.

Les quatre saisons de l'amour ou l'amour des quatre saisons...

La savane, le safari de mes nuitées, de mes belles sources de gaieté.

C'est le tarmac de mes soucis, le macadam de mes ennuis,

La non raison, le non-sens de mon impulsion jusqu'à toi se meurt.

Sur toi, j'ai parié ma couleur, un vivre en livret malin, coquin, sulfuré.

Les années en flammes, les clôtures en lames, la noirceur des arbres effraye mon âme.

Les chemins de terre sont blancs et je ne chante plus,

Les rues font une pause et la solitude s'impose.

Je suis au repos, tu arrives dans mon dos, me dis des mots pour calmer mes maux.

Les journaux de Meaux parlent des agneaux du Pré-Haut.

Par ce temps beau, nous irons vers les bouleaux voir si les oiseaux volent haut

Et au bord de l'eau, regarderons les flots, entendrons les grelots des différents veaux.

Nous compterons nos lots, les mettrons dans un seau et penserons au loto

Où nous nous rendrons à moto, en auto ou bien à vélo.

Nous ne serons pas sots, nous partirons assez tôt et les idéaux que nous sommes

Nous n'appellerons pas nos égaux. Une fois au hameau, je prendrai des photos…

Encore des mots

Les mots tombent

Les mots s'écroulent

Les mots s'envolent

Les mots virevoltent

Prennent des airs de savants

De je sais tout

Désarmés face aux âmes mortes

Ils s'étiolent

Et se taisent à leur tour

Dépourvus par ce mauvais tour

Insatisfaits ils se cherchent

Ils ont épuisé leur registre

Leurs outils ont rouillé

Ils bâillent de désespoir

Le temps les meurtrit

Ils n'en sont pas ravis

Privés de sagesse

Ils affichent leur détresse

Etouffent leurs larmes dentelles

Et ne font plus l'affaire des dictionnaires.

Evasion

Dans un réveil sans sel

Un nuage sans peur

Ecoute mon bonheur

Un éclair me parle de ses soucis

La tempête réduite au silence

Les amoureux se lancent

Des éclats d'argents dans les yeux

Sans principe le silence sourit

Une plume vole et s'envole

Au-dessus d'eux

La nouvelle partition se joue à deux

Ils sont heureux tous deux

Résonnent l'écho des mêmes sons

Ils composent la même chanson

Le temps ne semble pas se froisser

L'incertitude est de velours

L'attente sans futur

Le présent éternel

Leur présence sans nulle pareille

Le tandem d'une ignorance

Qui n'a pas besoin de semence

Rien ne les ramène aux instances

De la vraie vie dont ils n'ont plus envie.

Expressions

Les on-dit n'ont pas la parole

Les sans-façons ne font plus de manière

Les sans-cœurs ne sont que des amateurs

Les sans-abris ont perdu la parole,

La manière et le cœur.

Les a priori ne sont pas à l'abri

Les à tout prix courent toujours

Les par à-coups font de sales coups

Les à peu-près ne sont pas parfaits

Les nulle-part-ailleurs sont des menteurs

Les sous-jacents peinent à se manifester

Je vous laisse car je reçois le présent

Qui ne se fait pas attendre

Cet état flottant en suspension un instant

Il vient de nulle part et partout

Il ne dure que le temps d'un pincement

Déjà pensé et passé

Une plume galope sur une feuille

De papier puis se fait caressante

Dans un rythme dansant,

Elle fanfaronne

En prenant au lasso

Des mots durs, des mots tendres

Elle ne fait pas de promesses.

Fabricant de bonheur

Fabricant de bonheur

Je suis preneur

Je suis ton meilleur client

Serveur de fous-rires

Je suis preneur

Donneur de sommeil

Je choisis ton millésime

Vendeur de parfums

J'achète ton muguet senteur

Car il porte le bonheur

Marchand de vin

Je m'empare de ton meilleur fumet de raisins

Colporteur de bruits

Je ne veux pas être ton ami

Ni prendre ton parti

Simulateur de bienséances

Profite de ta dernière séance

Nos troubles et imperfections

N'aiment pas la salaison.

Fin

Etrange papier qui a perdu sa mine

Superbe terre dans un gouffre laiteux

Les astres se mirent et imaginent

Des êtres aux visages harmonieux

Qui se sont réfugiés dans les cieux

Les branches légères des conifères

Ne sont plus les guirlandes disparues

Les avions ne fendent plus au couteau

Des nuages sans marges

Les routes autoroutes et pistes nues

Des bâtisses ponts et tours allongées

La tour Eiffel s'est couchée

L'Arc de Triomphe froissé

Notre Dame agenouillée

Quelques cours d'eaux verticaux

Passages empreintes présences

A jamais effacés enterrés oubliés

Tout se fond dans l'inexistence

Le match est terminé

L'horreur indéfinie bat son plein

Plus rien à sonder

Des nuées de boue crémeuses

Accueillent une dernière phrase

Des torrents de lave

Etouffent les derniers personnages

D'un tableau de Bosch

Dans un univers qui n'est plus rien

La lecture du Jardin des Délices a pris fin

La torture bat son plein

Elle a gagné ses fins.

Froide attitude

Les visages défaits froissés

S'absentent de leurs demeures

L'un d'eux sans maquillage

Semble sortir d'un autre âge

Tout avant n'a plus d'après

Tels ces visages sans apprêt

Nouveau monde au visage froissé

A découvert apparaît

Codes numéros accès

Mots de passe réseaux

Chargeurs à toute heure

Messageries pleines

Les plaisanteries sont finies

Ils rendent malades des cerveaux

Qui ne connaissent plus la poésie

Ecrans attaquants maltraitant

Des yeux oublieux de la nostalgie

Ne voient plus le temps passer

Livres et photos jaunis

Couleurs anciennes formes d'autrefois

Les bolides d'antan ont perdu vent

Les jours simples bien loin

Ont quitté nos esprits

L'avenir a perdu la raison

Ses yeux brumeux de larmes

Ont perdu leurs partitions

Les jours dorés n'ont plus d'éclat

Et Laissent place au fatras, à l'ignorance,

À l'exubérance, à la violence….

Hymne à ma fille

Un jour j'ai vu pour toi

Cette petite feuille bleue

Naviguer légère dans l'espace

Pour toi, les couleurs ont pris

Des formes dans ma tête

Ces formes colorées

A les aimer j'ai appris

J'ai vécu alors des jours de fête

Pour toi j'ai eu le temps

J'ai revu ma vie

Et j'ai vu un jour

Passer cette lumière bleue

Qui m'a dit :

« Prends le temps de regarder

Sa vie et avec elle, unis

Tes envies, oublie tes ennuis

Multiplie les belles folies.

Sans plus attendre

J'ai pris cet amour

Entre mes mains, sans le remettre à demain

A toi, celle que j'aime pour toujours, ma pitufilla*.

*Diminutif de Pitufa, féminin de Pitufo, mot espagnol qui signifie schtroumpf en français.

Pitufilla = Petite schtroumpfette, elle était souvent habillée en bleu.

Il en dit long

Un dessin tient des propos sans fin

A dessein il donne des nouvelles

Qui n'ont pas perdues une aile

Loin des rues il se promène

A perte de vue

Sans le vouloir même

Je veux recréer les couleurs

De ce dessin aperçu

De bonne heure

Il représente des arbres bleus

Apaisés

De velours rouge vêtus

Dignes et rieurs

Tout en splendeur

Dans un décor de feu de fleurs.

Impression 1

J'écoute le silence

Qui repose mes sens,

Sur moi favorise l'emprise

Et me voilà dépourvu de prise.

Il sème des « je t'aime »

Sans plus même

Me conquérir,

Mon empereur

Qui se nomme mon cœur

Ne joue plus au dictateur

Et ne sera plus mon médiateur

A l'heure

Où je meurs.

Impression 2

Il est minuit,

Les envies

De l'ennui

Prennent vie,

Dans la rage de mon âge, j'écris,

Toute la nuit.

Elle me réduit à plonger dans le puits

D'un monde et puis,

D'un autre puits,

Sans appel de l'oubli,

 Sans l'ombre d'une ombrelle,

Une querelle sans faux-pas

Voit mûrir les grands PAS...

Le raisin de la vie.

Impressions 3

Le brouillard au loin,

Une odeur de purin

Non loin.

La tête en miettes,

J'entends les aigrettes

Qui réveillent mon être

Sans même y paraître,

Ravivent le dard de l'oubli,

Ma tristesse se venge

Et au matin je me reconstruis,

Oubliant ma peine,

Respirant les belles odeurs

De mon plus chaud bonheur.

Marchant dans la plaine,

Comptant les « je t'aime »

Qu'à cet instant même

Je te dirai.

Impression 4

Au retour d'un bois,

J'entends ta voix

Qui me met en émoi.

Quand je t'aperçois, toi,

Mon bon roi,

Sans perdre ton sang-froid,

Tu dis d'aller voir les oies

Et voyant que j'ai froid

Tu déploies

Mon foulard en soie.

Impression 5

Dans la vitesse

De mon ivresse,

Le ciel retire son voile,

Le soleil brille,

Les papillons se déshabillent,

Le vent souffle,

Les arbres souffrent,

Les oiseaux siffleurs

Convoitent les fleurs.

Les grenouilles

Se débrouillent,

Sans chercher les embrouilles.

Tous, sans précaution,

Vivent leurs émotions,

Se créent des missions,

Font leur initiation.

Leur avenir reste à venir.

Impression 6

L'Océan a la fièvre

La traversée a de l'envergure

Les fastes du navire

N'y pourront rien.

Impression 7

Je m'approche d'une porte

Elle me regarde haletante

De ses deux yeux doux

Et me dit d'où venez-vous ?

Avons-nous rendez-vous ?

Vous me semblez bien triste.

Les yeux de la porte d'un ministère

Qui a tout lieu de nous déplaire.

La porte trésorière,

Ses joues dorées

Malgré les années

Et sa bouche avide

Reste sans cesse ouverte.

Impression 8

La mousse du temps

S'installe à bon escient

La température prend

Des saveurs bleues d'antan

Sur un clavier argent.

Incertitudes

Mon envie se gonfle telle une embolie,

A fendre les incertitudes

D'un désert tyrannique

Inébranlable, mon humeur d'acier se meut, le nez au vent,

A la rencontre, dans les méandres des eaux incertaines,

De ceux que j'aime.

L'insertion, l'argent, l'amour et tous les ricochets de leur vie

Passent et repassent devant moi

Pour me dévoiler la curiosité immuable de mon être.

Je pourchasse des herbes folles

Qui s'endorment sans émoi.

Les branches de la vie s'essoufflent

Au vent tueur et sanguinaire,

A l'image d'un crime parfait,

Elles s'épuisent sans mesure,

Et restent tenaces et dignes dans la nuit.

Indépendance et solitude

Dépourvue de lois,

Elle se prive de l'autre,

Connaît l'alcool de la solitude,

Le fusil de la peur,

Vouloir être libre,

La maladie de l'irresponsable,

L'égoïsme de celui qui ne sait

Regarder, penser et aimer.

L'invention d'un monde pour soi

A des allures de désert,

Une interminable chaîne

De désirs sans fin….

Vouloir être ce que l'on ne peut être,

Désir d'avance avorté

Ne pas vouloir être l'ombre de sa vie est légitime,

Faire vivre notre corps

Une responsabilité envers nous-même

Et notre âme est un cadeau.

Inoubliables

Une larme songeuse

Glisse sur une joue

Larme discrète non loin la rejoint

Pour un duo en do mineur,

Les empreintes de ces larmes

Partiront incognitos,

Des larmes éphémères

Sur une autre joue

Sans crainte des saisons

S'en iront légères

Comme des bulles de savon,

Pas de quoi remplir un flacon.

Une larme divine

Se promène dans la ville

En mode chenille

Une larme sensible

Emeut les âmes romantiques,

Il en est qui arrosent les pages d'un livre

Elles sont si émotives !!

Les mieux organisées, elles,

 Arrivent en décalée

Une larme craintive

Reste sur le qui-vive

Et roule à la façon d'une bille

Par peur des larmes voraces

Certaines font des descentes rapides

Acrobates ou alpinistes

Elles osent des sauts hauts

Larmes joyeuses, larmes tristes

Parfois, se confondent

Il en est qui font des ravages

Et deviennent larmes de sang,

A cent lieux des larmes de crocodile.

Le bébé nous parle en versant des larmes

Elles sont cette fois sincères.

Les larmes du nord sont-elles plus convaincantes

Que les larmes du sud ?

Languissantes et soupirantes

Ou bien impatientes et agacées

Elles demeurent envahissantes,

Très envahissantes.

Les larmes de moulin,

Nocturnes ou diurnes, elles sont secrètes

Ou ostentatrices.

Les larmes dentelles de l'amour

Les plus beaux bijoux, plus beaux atours

Des amoureux

S'éteignent, s'évanouissent

A la vue d'un sourire conciliant.

Elles sont belles parce qu'elles sont courtes,

Elles sont la brièveté d'un bel instant.

Les larmes d'une jeunesse

Loin de comprendre et de jalouser

Celles de la vieillesse qui peinent

A se montrer

Quand elles le peuvent encore.

Instants

Une raison qui résonne en moi

Un poids qui pèse pour toi

Une vie pour lui

Un choix que je vois

Sans ombrage fait rage

Un hommage à ceux

Qui s'aiment

Longtemps tendrement

Amoureusement

Les yeux de l'apparence

Sont faits pour durer

Apparemment se dit constamment

Les feuilles poussées par le vent

Eclaboussent les briques

Des maisons du nord

Qui retiennent leur souffle

Une main s'enfonce dans la terre

Pour y nicher une plante arbustive

Veronica est son nom,

Nom d'une femme,

Bien sûr,

Ma raison sonne

A l'heure où tu te sens léger

Des fragments de vie

Des ennuis pour les uns

Du nouveau pour les autres.

Jacadi

Merci est mon cri

Pour la vie,

    Divine,

Elle m'a appris

A ce qu'on dit

Des moments inédits,

Des folies,

Dans ma vie,

Un pari

Pour une vie

De fourmi.

J'ai vu

J'ai vu des arbres

Chausser des sabots

Monter une côte à vélo

J'ai vu voler des coquillages

Dans un ciel flottant

J'ai vu une boule de feu

Divaguer sur des vagues

J'ai vu respirer mes narines

Au-dessus d'une montagne

Je me suis vu

Géant au-dessus d'un océan.

J'aimerais être la fleur

J'aimerais être la fleur

D'un soir qui n'a pas peur

Je ne veux plus des jours sans toi

Des trains sans toi

La pluie sans toi, la distance.

Sans toi,

Je deviens cette âme perdue

Qui vacille à la recherche

Des cils protecteurs de mon cœur

Un bouton d'or allumera

Le jour sur une nouvelle journée

Je veux devenir l'apôtre

De tes heures

Ton défenseur et protecteur

A toute heure.

J'aimerais être la fleur de ton jardin

Pointer sur toi l'arme de mon cœur

Un nuage innocent plane sur nos têtes

Quand une couronne de larmes joyeuses

Sème sur nous les graines du bonheur

Ces instants tentaculaires, trop brefs

Qui nous tenaillent, nous entaillent

A tout jamais.

J'aimerais I

J'aimerais rencontrer
Celui qui mesure les nuages
Et n'a pas d'âge.
J'aimerais rencontrer
Celui qui arrose ses fleurs
Avec des paillettes d'or
Celui qui arrose son jardin
Avec des pétales de roses
Qui dessine les yeux de tous ceux
Qui sont dans les cieux.

Laisse flotter ta chevelure
Pour rafraîchir ton cerveau miniature.

J'aimerais aider toutes les statues
Sans distinction : rois, poètes, peintres
A descendre de leur stèle
Tous ces animaux à quitter leur état de pierre
J'aimerais menotter
Un instant les innocents
Fabriquer la petite clé

Pour pénétrer dans les châteaux de sable

Enrichir tous les perdants

Ennuyer les joyeux passants.

J'aimerais rencontrer

Celui qui met ses jambes à son cou

 Du premier coup et court comme un fou

Sans accepter aucun sou.

J'aimerais rencontrer un tailleur de bonne humeur

Et un livreur de lumière.

J'aimerais éteindre tous les vagues à l'âme

De ceux que j'aime.

J'aimerais voir les oiseaux

Couverts de tout petits chapeaux

Se protéger des eaux de pluie

Regarder voler des lampions

 Dans la nuit

J'aimerais voir et revoir

Les ivoires des éléphants

Jouer et rejouer les enfants jouer.

J'aimerais II

J'aimerais vivre à « Songeville »

Où tout est beau pour les gens heureux

Les couleurs les senteurs les airs les cieux

Un hortensia même fané y reste toujours beau

Les hirondelles sont celles qui surprennent

A la sortie des toits aux envols frétillants

Des envies neuves, des mers de champs

Des bras de mer, brassées de blé

Pieds de cresson et bières pression

Sont de véritables champions

Envie d'observer une grive manger

Maladresses pardonnées

Des chevaux ailés

Abondance et extravagance

Modérément tolérées

Là où des nuits remplacent les jours

Et les jours des nuits

Au gré des besoins des envies

Des retours sans départs

Des banques sans profits

Des horloges sans aiguilles

Des terrains sans barrières

Là où l'indiscrétion n'existe pas

La jalousie l'incompréhension

Pour toujours absentes

Recevoir des dons et faire

Des dons de soi de son temps

Recevoir des rires à cœur perdu

Au son des chants du vent

Au rythme du temps du vent

Des amoureux toute une vie durant

Fêtent leur mutuelle délire

Et butinent non loin de leur ruche

Le mot échec inconnu n'a pas d'élus

La vilenie n'arrive pas dans cette ville

Pas à « Songeville ».

J'enrage

Mes yeux ouvrent

Leurs rideaux de fer,

Sur un paysage vert.

Ta beauté me rit au nez

Le jour naît.

Sans ambages,

Je te dis ton âge

Et tu sèmes des ravages :

Un ciel aux somptueux étages,

Une plaine luisante de commérages,

Tu me fais une scène de ménage,

Et la pluie rage,

Devant prendre le large,

Face à ce beau voyage,

Que le soleil sage,

Entreprend sans présage,

Sans écrire la page

D'un jour en cage,

Tu es le mage

Qui m'apporte le message

D'un jour sans ombrages.

Je comprends

Je comprends les états d'âmes

Mais absolument pas les âmes des états

J'aime la vie de l'eau mais absolument pas

L'eau-de-vie.

Les arcs-en-ciel mais pas le ciel en arc

L'arc de triomphe et pas le triomphe en arc.

Je comprends les bains de mer mais pas les mers
de bains

Les verts cols n'ont rien à dire aux colverts

Les rouges-gorges ne parlent pas non plus

Aux gorges rouges

Je comprends

Les sous-verres mais loin sans faut les verres soûls

Les vide-greniers font la tête aux greniers vides

Les marchepieds eux accueillent le pied marche

Les ronds-points sont plus grands que les points
ronds

Le faitout tout fait

Partout tout part

Le vert de gris fait la tête au gris de vert

Les sans-abris cherchent des abris sans

Ils ont le sang-froid des froids sans

Le wagon-lit jalouse le lit wagon

Je comprends

Les chefs-lieux qui ont leurs lieux chefs

Et sont habités de couvre-chefs et non de chefs couvre

Ils sont dix-sept et non sept dix

Ne me parlez pas des unions traits oh ! Pardon

Des traits d'union.

Je pense

La peur de mon heure

Un poison sans nom,

Un jour dépourvu d'abat-jour,

S'abat sans loi sur moi,

Sur l'île de mon être,

Je traverse l'air.

Les yeux hagards

Dans le brouillard du soir,

Les absences de mon existence

Se font denses

Et ma lenteur somnambule

Ecrase les urgences du jour.

La peine sommeille en moi

Mais ne parvient à m'envahir,

L'ennui de mon nid

Me rappelle enfin qui je suis.

Un jour qui s'enfuit

 Fond comme neige,

Vole comme un oiseau sans retour,

Une chanson qui finit,

Un interrupteur qui dit « off »

Un accélérateur sans ressort,

Un jour sans avenir,

La mort de la lumière d'un ciel clair,

La mort du jour

Le jour de la mort.

Je veux être là, pour mon réconfort

Quand la nuit sort,

Je me livre

A mon doux sort,

Les ténèbres me portent

Vers la folle porte déguisée

De rêveries mortes,

Le noir m'épluche

Et enracine mes envies.

Mes pensées,

De couleurs inconnues,

Prennent sans frein le port

D'un oiseau haut

Et dans le néant volent

Sans voie tracée.

Elles se perdent

A perte d'haleine,

Et ne sont plus

Qu'une noire raison,

Elles divaguent et

S'accompagnent de sons obscurs

Qui saignent

Et sèment des bruits auguraux,

Là-haut, tout haut.

Jo

Le nez de Jo est long

A Jobourg

Les robes de Paris parlent d'elles

A mille lieux-dits

Et Versailles se tait

Plus loin la place d'Arc

A oublié Jeanne,

Peu s'en faut que l'on arrache

Les bancs de Montauban

Quand la rage fait pluie

Les éclairs donnent la lumière

Sur la ville des Lumières

Et Versailles se tait

Plus vrai encore

A midi dans le midi

L'été perd son combat

Avec l'automne

A l'heure où octobre

Arrive sur toutes les rives

Au pied de nos arbres

Dans les chemins.

L'automne

Au son des oisillons,

Tournent en tourbillons,

Autour des pavillons,

Des feuilles, en rond,

C'est une belle saison,

Elle dévoile la couleur marron

Et je m'accorde pour mission

De jouer du violon,

Et me souviens d'une chanson

Que nous chantions à l'unisson

Au temps où nous demandions

Pardon, sans raison.

Je regarde une partition,

Sans mention.

Je vois un hérisson en perdition

Qui tourne en rond

Il a perdu son buisson, sa maison.

L'envie

Le cri de l'envie

Vaut mieux

Que l'envie d'un cri

Libre est le mot

Joyau de ma vie

Légère la senteur

De mes mots

Sème mon histoire

Dépourvue de soir gris

Sur la musique d'un samedi

Sans galbe je suis

Sans un songe d'harmonie

Sans illusion tel est mon parti

Mon regard a la permission

De s'évader loin d'ici

Sur un nuageux tapis

Je pense y faire mon nid

Un puits d'amis

Où meurent les gouttes de pluie

Solution de ma mission

Maison de ma passion

Tout à son effigie

Le cri privé, prisé de mon envie

Me poursuit toute la nuit.

L'éphémère

Le temps passe à la vitesse des grains de sable sur la plage, poussés par un fort vent.

Le tort que nous avons est de ne point regarder tout : la vitesse, la tendresse, la détresse et la tigresse du soir, l'ivresse des jours heureux, la lenteur, la sueur, la peur, le bonheur…

Voir les mille facettes de ton être, et renaître pour les instants d'une légitime beauté.

La tache qui marque d'une empreinte les esprits élevés vers la lumière, louée et adulée pour sa réalité vraie.

Le mariage des mots est à la longue chevelure flottante d'une femme au fil de son éphémère beauté. Cette femme jeune pense être ce qu'elle est et pourtant ne parvient pas à flotter au-dessus d'elle. La noyade des idées fausses est la vérité d'un temps. Ce temps, à maturité prend un aspect autre, les questions vraies sur un chemin jamais vrai. Des portes fragiles s'envolent donnant accès aux pièces du changement.

Tu cracheras alors les feux de ta propre liberté et respireras les odeurs de fleurs bleues,
autrefois enfermées dans un pot de fleurs orange,
te voilà volant au-dessus d'une mer calme, versant des larmes de pluie, des graines de folies. Tes sens s'ouvrent sur une mine d'or. Des parfums parviennent jusqu'à toi, tu entends les vagues

habillées de dentelles, tu goûtes un air printanier et effleures la cime d'une eau relaxante et salée. Ouvre les portes de la lumière et tu verras hululer la chouette une nuit d'été. Eteins les lumières des rancœurs, cueille et accueille les lignes endormies que l'eau a laissées sur le sable encore humide.

Où que tu sois, cherche le cercle invisible qui te protègera, enlèvera les carcans des principes lourds pour te couvrir d'une humilité riche, si riche que le matériel, le palpable prendra des allures de non-sens. Le sens d'une vie, parfois bien tard compris, excelle quand tu as saisi que la beauté est en elle. Sa possession requiert des efforts vains qui ne servent à rien. Ce rien somme toute est un tout : l'amour de soi, le confort de soi, la possession de soi et un arrêt long sur le cœur de l'autre.

Toutes ces touches conquérantes annoncent les grandeurs de l'insignifiant, du non touchable que l'on peut embrasser.

Il ne faut pas courir à contrevent. Les indéchirables raisons de la non-raison nous poussent vers l'abîme du néant.

Respirons ce jour les sons sensibles des arbres vieux aux yeux peinés, abreuvons-nous de ce jus de raisins noirs tombé des ténèbres dans un océan abandonné et respirons encore et encore la clarté de la nuit.

Mes souliers noirs comptent leurs pas jusqu'à toi, et déversent la fragrance d'une rose orangée qui attend d'être sauvée par une bouée rouge et blanche, en hommage aux marins, abandonnée sur un mur gris.

Le vent long du centurion plaide une gloire perdue.

L'extravagance

Elle est partout ailleurs

Autre que sur moi

Elle sème le vent

Fait danser les arbres

Rougir les oiseaux des champs

L'extravagance est à la danse

Quand tu t'avances

Elle est au lutin

Qui a pour dessein

De se faire ami

Avec les nains de jardin

Le bon vieux temps

Qui a perdu toutes ses rides

Le très bon vin

Tout son tanin

Un sifflement d'oreille

Qui prend des airs de diapason

Citoyennes marmottes

Qui ont perdu leur droit de vote

Des flammes leur bougie

C'est un pont drapé par Cristo

Une souveraine

Qui se promène à vélo

Un boulanger de confiance

Devenu vieux croûton

La clé des champs

Qui n'ouvre plus rien

Ne vous y rendez plus

Il est dit que celle du Paradis

Aussi. N'y allez pas non plus.

A trop en dire on s'attire les foudres

A leur propos de ces lieux

Elles sont congédiées

Les résidents se plaignant

De vacarmes nocturnes.

Elle est dans l'arène aussi

Où un jeune taureau

Tricote avec ses pattes

Pour danser et remercier ses fans

Elle est encore ce monsieur

Si rond au nez démesurément long

Qui porte un chapeau minuscule

Ce personnage si ridicule

Et tant adoré des enfants

Les mots du dictionnaire

Portant chapeau

Eux, se découvrent

A notre rencontre

Et tombe sur nos têtes

Une pluie de fleurs roses

Parlez-vous jasmin

A ce qu'on dit très en vogue

Et même extravagant.

L'immensité

Quand mes yeux se jettent dans le ciel,

Je n'existe plus que pour lui

Je porte un masque

Sous lequel je souris

C'est un carnaval de blancs, de gris

J'admire une forêt de nuages

Qui se superposent,

S'étirent, se défont et se refont

Disparaissent les uns

Apparaissent les autres

Les nuages ronds

Comme des bulles de savon

On y voit la vie terrestre

Le miroir de notre esprit,

Des formes humaines

On y trouve et découvre,

Les animaux de partout

Un ours blanc

Courant, les oreilles au vent

Un ourson gris sur son dos

Poursuivi par un lévrier blanc

Plus loin une statue de Rodin

Un penseur non loin,

Une reine blanche

A ses pieds un lapin gris

Et…. Un crocodile blanc édenté

Se promène au-dessus d'eux.

A l'ouest le gris de plus en plus gris s'installe,

Le ciel noircit

Pour la pluie j'aurais juré

Mais des taches bleues

Se multiplient

Et le tableau magique devient arc-en-ciel

Il est des nuages toujours beaux,

Des nuages longs,

Des nuages légers et d'autres

Lourds ou denses qui invitent à la danse.

Le ciel est une ardoise magique

Qui efface et réécrit

L'histoire d'un jour,

Léger ou perturbé

Je partirai un jour

En ayant connu les plus beaux tableaux

De ce monde.

L'inattendu

Une étoile me regarde
M'ouvre ses bras
Me dit un peu pâle
Me prend sous son aile
Couvre mes épaules
Et chauffe mon cœur

Une étoile m'écoute
Se montre fière de moi
Se veut protectrice
Sans perdre sa lice
Elle est amatrice
 De mon envers
Toujours vert

Une étoile se réjouit
De mes exploits,
Goûts et parfums
Et me prédit
Une vie filante.

L'incompréhension

L'incompréhension est un labyrinthe

La connerie un état de siège

La peur est un trou dans la gorge

Que la salive ne parvient à franchir

La confiance est un chèque signé non rempli

L'admiration

Les pouvoirs d'une plante appelée Immortelle

La beauté un tableau de Jérôme Bosch

L'égoïsme le nombril de celui qui le regarde

L'indulgence s'arrêter à toutes les couleurs

Des feux tricolores

Pour laisser passer des passants.

L'incongru

Une vérité qui se traîne
Un souci impotent
Une sécurité lâche
Et tout va de biais
Une chanson sans voix
Un chanteur sans parole
Un livre sans page
Et tout va de Guingois
Une question muette
Se veut intrigante
Tout comme
Cette radio silencieuse
Qui n'a plus rien à dire
Ce vase sans fleurs
Un nez irrespirable
Une bouche inconfortable
Des yeux sans arcades
Un visage à rénover
L'incongru est un repos
Pour le cerveau

Hélas tout a une fidèle fin.

L'inévitable

A l'aube de ton cœur je me réveille

L'esprit sans nuage je t'accueille

Eblouis par une journée sans faille

Toute beauté nous émerveille

Les sons des oiseaux

La lumière dans les arbres

Le silence l'art de recevoir

Pièces manquantes du quotidien

La gaieté nous étreint à tout jamais

Tu es la soupape de mon bonheur

Je suis la corde de ta liberté

Nous vivons l'ivresse

D'une nuit sans heure

D'une journée sans heurt

Les fleurs des nénuphars

Nous avisent du temps qui passe

Légères les poules d'eau

Marchent sur les feuilles couchées

A la surface de l'eau

Les autres bien droites très fières

S'abreuvent de soleil

L'improvisation s'esclaffe

Un autre jour,

Deux capitaines tiennent la barre

Du bateau d'amour inondé

A la lueur d'un phare rouge

S'abreuvent futurs, rêves

Projets, partitions

Orchestrés à l'unisson,

Nous jouons du même violon

Saisis par la même folie

Nous choisirons le même chemin

Les années passant

Peut-être deviendrons-nous prisonniers

L'un de l'autre, l'un avec l'autre.

La couleur d'un jour

Un jour la Lande marron des fougères séchées,

Tombante sur la mer, aux côtés des verts de la riche campagne

       Urville Hacqueville

Un lendemain blanc

      Du Ratz Blanchard

Avec ses vagues énergiques et infatigables

Pour nos yeux demandeurs,

Et ses morceaux de mousse ivoires tourbillonnantes

Dans l'air, attaquant les admirateurs de la mer,

      Gaury.

Un surlendemain bleu,

Les couleurs changent en un jour,

      Au nez de Jobourg.

Lors des balades du visiteur,

Les vagues s'enchaînent sous ses yeux

Et sautent en tout lieu

Non loin de là où se pose un regard tout en couleurs.

Un jour encore,

Des ciels multicolores,

La lumière est vaste,

Elle se réduit, redevient éclatante à mesure

Que le vent souffle

Sur les nuages. La mer lui répond.

Soit verte, bleue ou bien grise, elle est toujours

Belle, calme ou dangereuse.

L'explosion de nos yeux va prendre fin,

Un épisode inoubliable du Cap de la Hague se termine,

Toute ma modestie humaine devant l'ébahissement des couleurs

Et changements bouleversants dans ce coin du bout du monde,

Millet nous fait revivre les couleurs d'antan,

Encore bien vivantes aujourd'hui.

Les ciels orangés à la nuit tombante,

Les jaunes et verts du Castle Vaudon.

Les nuages s'étirent et se déchirent

Les gris noirs côtoient les gris blancs

La mouvance des nuages est un don du ciel à Castle Vaudon,

Allongés, couchés, debout,

Ils s'en remettent à nous.

Un dernier jour suit son cours

Le ciel se fait tout gris à l'annonce de la pluie.

La vie continue à battre son plein

Au rythme des danseurs et bateleurs,

Sa douceur est bonheur.

(Vauville, Beaumont-Hague, St Germain-le-Vaux,
Urville-Nacqueville, Egreville, Auderville, Omonville la
Petite je ne vous oublierai pas, un brin de propagande).

La déception

Un sourire sans avenir,

Des jours longs

En amont.

Une histoire sans espoir,

Un violon en dit long

Sur des sons

De poltrons sans soupçon.

Ma rengaine,

Une vie dénie,

Sans voix restera.

La force

Dans un élan puissant

Sans confort ni renfort

Allant

Retrouver mon mentor

Je m'élançais toutes ailes déployées

Rejoindre dans son Fort

Celui qui

Restera à jamais mon or, ma richesse

Et un inépuisable réconfort.

Force m'est de croire

Que cet amour

Sera à jamais

Eternellement

Fort.

La fuite

Un élément cherche à le rassurer

Son talent ne va nulle part

Il ne se laisse pourtant pas perturber

Par les difficultés, le temps de l'attente.

Ses problèmes psychologiques

N'en sont nullement responsables.

Il a une blessure ouverte avec des peut-être en tête

Il ne parvient à rien

La facilité n'est pas son arme

Le couloir de la réussite est long

Un seul pas en avant lui suffirait

Son inquiétude est inutile

Et son silence est vain

Les pensées sont plus nombreuses que les actes

Et les détails de la fuite

Trop vite disparaissent,

Jetés au rebut.

La leçon

A l'affût d'un écureuil
Sautant de branche en branche
Les mouches campagnardes
M'assaillent de bienvenues
Un pigeon affole de ses ailes
Les fruits d'un pommier
Qui se meuvent au vent
Les canards blancs cancanent
Les troncs des églantiers
Ruissellent de lumière
Au rythme de l'eau
Qui leur couvre les pieds
Le jour est beau
La nuit belle
Pour tous ceux qui savent
Les regarder dans la verdure
De près dans les étoiles de loin
Vivre c'est observer là
Où il y a la vie
Attendre et l'inattendu se produit
Savoir attendre savoir aimer
Savoir sourire savoir écouter.

La lecture

A la lecture de ces quelques pages,

Mes yeux me racontent la vie.

Un mot s'envole et revient aussitôt

Mes yeux ne me jouent aucun tour,

Lui, reprend sa place car mon cerveau

Le lui demande.

Quand je pars à la conquête de l'un d'eux,

Je relis et relis jusqu'à le pêcher

Dans cette rivière de mots engloutis.

Je parcours des phrases comme je remonte

Les wagons d'un train,

J'aperçois des mots qui se ressemblent,
s'assemblent,

Ou bien pas, ils courent vers une fin,

La fin d'une phrase, la fin d'une page,

Tous se veulent plus ou moins beaux,
convaincants

Dans cette jungle artificielle.

Un mot cherché puis retrouvé me parle de moi

Parfois sucré, parfois salé.

Certains me pressent vers des instants ou espaces
passés.

Assassins, mesquins je les retrouve toujours dans les bouquins

Lumineux, croustillants, je les dévore à pleines dents

Pourquoi laisser la priorité à certains mots,

D'autres charmeurs, séducteurs ont des couleurs, des odeurs

De sapin, thé, café, cheminée, papier parcheminé

Mes yeux tombent dans le précipice des mots, de l'écriture, de la magie

Acrobatie des mots dans un océan bleu, sous le regard d'un ciel bleu.

Des phrases tonitruantes de poésie, éclairantes de beauté

Des livres encore des livres pour nourrir et abreuver nos vies.

La mesure de la force

Où s'arrête la mesure de la démesure, rien n'indique les bienfaits de l'absurde, les bienfaits de l'isolement d'un moment long, long de trop, le poids du malheur, la légèreté du bonheur.

La blessure est soit la fleur d'un renouveau.

L'amour est un détour au pied d'un précipice qui vous attire et vous retient, vous transforme, vous donne des ailes, vous sublime, vous détache des mauvaises passes et détourne la malchance, des étoiles sur leur perchoir sonnent des airs d'Opéra. Les poèmes eux volent au-dessus des parcs.

Les ennuis voraces n'ont plus leur place et les murs ont des portes, les portes des murs dans les rues d'un endroit beau.

Les heures de mon cœur ont fait le plein, le chant des oiseaux fait écho, respire des silences et rechante de plus beau.

Le vent, lui, fait de même, il fait se tordre les feuilles d'un érable en vagues successives.

Elles se calment puis reprennent leur danse de vagues légères. Le vent s'en est allé un instant pour animer à nouveau des feuilles qui passivement attendaient son retour.

La mesure du temps

Sur le cadran de la pendule

Trois aiguilles courent inlassablement

Les secondes se noient les premières

Vient ensuite l'heure des minutes

Et enfin le temps des heures.

Elles finissent leurs courses

Dans des eaux claires ou bien obscures

L'une trotte et peu scrupuleuse

Dépasse les deux autres.

La seconde qui donne les minutes

Dépasse péniblement les heures.

Toutes trois menottées au centre

D'un cadran muet, peu soucieux de la situation,

Piègent les journées qui n'ont pas vu le temps passer.

La troisième donne le glas, l'émoi, les douze coups,

Elle est attendue, pour un rendez-vous,

Dans la mort précipitée

Elle a le menton court

Et ses yeux guident un autre tour,

Qui sans compter verra le jour du passé.

Multiples, elles divisent nos journées

Les heures de la fraîche matinale,

Du soir ou bien du noir,

Gluantes elles nous collent à la peau,

Sans en avoir l'air, cette pendule

Prend le temps de mesurer notre temps.

Elle organise notre vie

Heures, minutes, secondes

Vous êtes les ennemis de nos moments perdus,

Perdus à jamais

Elles et ils ne seront jamais plus.

Vous qui régulez notre existence

Arrêtez-vous un instant.

La musique

La musique chante ses notes,

Caresse la peau de celui qui l'écoute,

Opère la magie des instants

Qui font bouger les montagnes

Et parler les océans et les mers

Elle fait entendre ses voix et visite

Les plus isolés recoins de ce monde

Elle transforme en Paradis

Le plus petit des jardins

Et s'autorise des aventures lointaines,

Loin elle nous entraîne.

La peur

L'urgence est rugissante

Un gant invisible vous asphyxie

Sans préavis

Elle est une horloge qui s'affole

Un effroi ouragan

Une force rage

Qui vous mord

Et vous jette dans un monde

De veines gainées

De pouvoir surmultiplié

Pour affronter corps et âme

Une peur

Tel un monstre de l'univers

La force est cette pierre qui roule

Et roule encore et encore.

Elle a pour nom exploit camouflé,

Dissimulé, incontournable exploit

Déversé dans un corps tout entier.

La peur de ne pouvoir vaincre

Prêt à pourfendre la peur

Mon regard ne croise rien

Elle est là seule.

Lorsqu'enfin elle prend fin

Une pluie de paillettes

Descend sur lui

Les armes tombent toutes à la fois

Le vent peut reprendre sa danse et les nuages s'embrasser.

La poésie

La poésie pour élection

La rime pour séduction

Je viens à toi

Pour m'éloigner de

La violence de ce monde

Je t'admire te sublime

Au-devant d'une scène

Que je fais mienne

Tu es partout

Dans le revers d'un dessin

L'amie d'une sculpture

D'une peinture

La musique à toi s'impose

Tu es ma couverture

Lors des grands froids

Tu réchauffes un cœur endormi

Tes réponses sont celles

D'un enfant souriant

A la vue d'un cerf-volant

Tes absences redondantes

Sont comme un défi

Tu auras toujours des choses à dire

Tu ne te résoudras jamais au silence

Tu ne le peux

Toujours à nos côtés, à portée de main

Je le sais !

La profonde lumière

Dans la rivière de mon univers circule l'écume des beaux jours,

La suie de mes soucis quitte ma peau et fait place à des pores accueillants,

       Les denrées célestes de mon âme.

La purification sillonne mon être et les verts sillons chlorophylles

Respirent intensément un bonheur plein. Forte des fibres éclairantes

De mes faisceaux verts, je suis, je suis une fois une sainte vêtue de blanc et de bleu,

Une autre fois une sirène aux écailles vertes et grises navigant droit devant

       Avec l'horizon pour seul œil.

L'air que je respire façonne mon être et m'entraîne vers un univers inconnu

Couvert de sable fin et d'imposantes montagnes brunes

       Habillées de touffes d'herbes éparses.

Ô grande lumière que j'aperçois, tu me guides vers un monde meilleur et sans peur.

La rumeur me dit que tu es venue me voir et non l'inverse.

Les dents serrées alors, je verse quelques larmes rouge sang car l'émotion est là,

Gagnante et tyrannique.

Une clairière traversée par la lumière donne un espoir de voir, du moins d'entrevoir,

Du haut de mon perchoir résolument protecteur à son heure.

Mon esprit voit les senteurs des fleurs qui rient et mes narines admirent ce paysage

Sage de beauté.

Mes oreilles emprisonnent le vent frais du matin et ses tout petits riens,

Le très haut de mes sens boit l'eau de mon existence.

La contenance d'un vase estampillé décore les ailes éternelles de mon corps.

Je fonce irrésistiblement vers la lumière qui me dira, m'ouvrira sur un jour

De jardin clair, Les yeux rivés sur les hauteurs songeuses et ses baumes apaisants

A la recherche d'une paix profonde.

Les ondes de mon être rencontrent enfin l'extase de la profondeur

Qui force mes sens à s'épanouir en de véritables rictus et des sourires même.

Mes muscles se relâchent, mes tendons se lâchent et mes veines ne sont plus en peine de se gonfler.

Le passage est libre et mon sang se libère tout en se berçant au fil d'un parcours dessiné, exigé.

Mon cerveau s'étire à la façon d'un muscle spongieux.

Au loin, la fumée d'une boisson chaude, à la chaleur du soleil.

La couleur ambre des montagnes roule devant moi et sa toison d'or se libère jusqu'à moi.

Les saveurs du temps libre sèment des pépites de liberté,

Elles se savourent plaisamment, des breuvages couleur neige qui s'écoulent des fleurs

   Enivrent mon cœur.

Des danseurs se donnent en spectacle et des chanteurs manipulateurs

   Sont les génies de la nuit.

Le temps des pluies me mortifie et les rues dessinent des larmes qui mettront du temps

   A s'évanouir, à tirer révérence.

La valse du temps déchire les robes des roses et masque le soleil d'été.

   Le ciel salue de son chapeau gris,

Le vent, lui, ridiculise les arbres devenus nus et leurs feuilles voltigent,

S'évanouissent sur un sol accueillant,

Elles sont craquantes et attirantes.

Le ciel rit des désastres commis et tend la main à l'hiver qui vient.

Les arbres, morts-vivants, aux multiples bras ensorcelants, amoureux du froid

Devenu roi.

La résurrection attendra. Cette saison muette restera et priera, impatiente

De voir vivre le temps nouveau du printemps.

La fièvre cèdera aux applaudissements de ce temps du printemps

Qui aime la douceur de l'amour pour toujours.

La plainte de l'hiver s'en est allée et invite les jours longs de la vie.

La voix de la raison

Je vais sur les pas de ton chemin.

Ton visage se dédouble

Et ma respiration devient divine.

Un ciel sans nuage,

Un nuage sans ombre,

L'écorce d'un corps

Aussi dure qu'une tombe,

Un esprit qui libère une plume libertaire,

Une âme mélancolique

Qui trame d'amères sépultures

Et une autre concocte

De libres audaces,

Au service d'un livre d'adoption.

Toute en cohésion,

La ruse essaie de vivre sa raison

Dans le comble d'un récit réfractaire

Et d'une histoire héritière.

Il vaut mieux tout faire

Pour ne pas attirer les ennuis de l'Univers.

La mutique bonté récolte de ludiques musiques

Et les échos sporadiques des envies claires.

Oubliez les conseils et faites ceci plutôt que cela

Vous trouverez alors l'admiration

Que chacun mérite.

Suivez votre propre guide !!

Là, tout près de toi…… Dame Nature.

Les feuilles persistantes ont froid,

Elles tremblent sous un vent glacial,

C'est l'hiver,

Elles tremblent,

Bougent dans tous les sens pour se réchauffer.

Le soleil est trop faible pour les tonifier,

L'hiver passera et

Elles n'auront plus froid….

A l'aube des jours beaux le pistil d'une fleur lève haut la tête pour regarder deux longues feuilles qui s'embrouillent, elles parasitent la lumière des autres feuilles qui commencent à prendre le jour pour la nuit et luttent contre un sommeil qui n'a pas son heure.

Les longues feuilles s'offrent un répit et se réconcilient ; elles dansent alors sur un air de fête jusqu'à en perdre la tête.

La nuit finit par tomber et s'accorde le repos de la dure journée, elle se veut belle, sempiternelle, sans ritournelle, elle est la placidité de toute une nuit d'été. La chaleur ne l'insupporte pas, elle brille, toujours belle, étoilée pour nous rappeler sa beauté.

Le lendemain,

Moi, Dame Nature, je me réveille pour un nouveau jour me demandant qui en cette journée va trouver querelle et se réconcilier…. Tout se prépare, le décor a pris place.

Peu à peu, arrivent les nuages épais, ils ont la couleur du plomb, de l'étain pour certains… d'une lourde rancœur blessée et non encore réparée. Ils partiront pour un long voyage en quête de guérison et ne la trouveront qu'au prix d'une rude pluie et d'un tonnerre grandissant.

Je resterai là, moi de la Nature la Reine, à tout observer, éprise d'une inquiétude, suivie d'une inquiétude encore.

Lasse alors de cette accablante journée, je repars, perturbée pour une autre nuit bien moins éclairée que celle qui l'a devancée. Elle sème en moi un doute ; voir freiner les intempéries, voir les fleurs se redresser sur leur tige haute, verrai-je cela demain ? Y puis-je quelque chose ? J'ai oublié la force de mon pouvoir, la nuit me laissera mieux voir.

Unique jour, il se réveille, ouverture sur un inconnu, la découverte sera une incontournable surprise et sans fin pareille. Ce lendemain prend un tout autre visage. Il reste muet, interdit et finit par vouloir engager conversation, il s'aventure, cherche les prémices de la communication.

Hier n'est plus, aujourd'hui égal s'en est allé, a mis un terme à toutes ses rancunes inexplicables et ce lendemain a pris sa place jusqu'à s'approprier son nom, le nom d'aujourd'hui.

Aujourd'hui prend les airs d'une belle, de même sa musique semble belle, les nuages laissent éclater sa beauté, ils se font rares et timides, une timidité lente s'est emparée d'eux. Leur décision prise, ils laisseront la part belle au soleil. Oui, aujourd'hui a son allure de beauté resplendissante, sa clarté jaillit d'une lumière sans pareille habillée.

La lumière d'un jour que l'on souhaite éternelle. Et les oiseaux dans tout cela me direz-vous.

Les oiseaux sont les convives du ciel, mes convives siffleurs qui au-delà de toute espérance savent faire montre de leur humeur bien personnelle. Ils ne se font pas attendre, il y a du bien à les écouter, du bien à se rassurer, à s'envoler vers des cieux heureux.

 Pour ceux qui veulent bien leur accorder un instant de charme simple et de disponible attraction. Ils deviennent les poètes de ce jour de fête. Leur chant prend les couleurs d'un remède, la réserve gracieuse et gratuite, une ordonnance curative nous concède. Et, sans se lasser de leur enthousiasme, Leurs compères les saluent aussi.

A l'unisson, ils nous renvoient à ce moment, à l'image d'une conscience interrogatrice, un coup de conscience, de qui sommes-nous, d'où venons-nous et où allons-nous, …, la beauté égarée puis retrouvée, celle qui vient à nous sans que nous ayons à la chercher, elle nous viendra en aide pour y gagner quelques réponses.

Là, tout près de vous, je suis là, Dame Nature, pour vous, tout près de vous, de ma sublime beauté, devant vous je m'agenouille pour vous signaler que la Beauté est en vous ; elle est à vous, riche possesseur. La beauté est à vous tant que vous serez Vous. Dieu n'y peut rien, vous êtes le propre marionnettiste de votre esprit.

Ne cherchez plus, n'attendez plus ce qui de vous est trop loin, accordez-vous sans présomption quelques instants à respirer votre existence en ce qui est beau, une béatitude belle à couper le souffle et à vous faire de larges ailes pousser.

Je suis l'imprenable fortune de vos yeux mais n'oubliez pas que je peux communément en enfer nous mener ; alors côtoyez-moi, fréquentez-moi tant que vos sens je peux ravir ; je connais bien vos faiblesses, vos humeurs et rancœurs et peux être la voie de votre raison ; vous faire oublier les disgrâces par mes atouts de couleurs belles et, en secret, à l'abri des regards, vous chuchoter des mots d'amour.

Je sais transmettre la quiétude mais si la fureur de moi s'empare, je deviens « Malade » et, sur un coup de tête, je m'habille de laideur, je répands le mal, je détruis, ravage tout sur mon passage…. Incontrôlables effets, trop tard, là je suis passée, mes dégâts inavouables m'apportent doutes et regrets et monstre de la Nature je suis devenue.

Contre ses armes nous ne pouvons rien, il faudra tout reconstruire : maisons, esprits… Le temple de l'horreur reprendra le nom de temple des douceurs, il nous aimera à nouveau, nous caressera et nous offrira ses plus belles couleurs. D'un pas léger vous continuerez à nous espionner, Dame Nature, vos insistants et perpétuels changements nous poussent au vieillissement et au risque de n'accepter aucune escale, trop tôt vous nous guiderez vers cette inévitable fin, une inattendue vieillesse et à ses caprices nous devons céder, tel est le destin qu'il est sage d'accepter.

L'automne reprendra ses couleurs de Sienne, des artistes l'inspiration. Nous lui ferons des éloges, imperturbable, elle tourbillonnera et avec l'aide du vent les feuilles emportera et à l'usure du temps sourde restera.

Tant pis, ma source de vie elle demeurera.

Lasse

Lasse, je me prélasse dans les herbacées

Heureuse comme un sable doré

Je veux m'emmitoufler pour affronter

La fraîcheur de mon humeur

Sempiternelle, je mêle les aboiements de la forêt
sainte

Aux cris longs des véhicules

Sur la route scintillante d'une pluie récente.

Quand l'envie d'écrire m'étreint,

Je m'empare de mon carnet noir

Il s'ouvre sur une page froide

Qui semble m'attendre

Pour de mes doigts la réchauffer.

Mon crayon glisse et parcourt

Des espaces vides au fil de mes idées

Chatoyées, empressées, harcelantes,

Assaillantes, pulsionnelles,

Dynamitées, chavirées,

Déployées comme les doigts de la main au repos

Qui réchauffent tous les mots.

Lorsque j'écris des souris vertes me disent

Qu'elles n'ont pas perdu leur combat contre

Monsieur le chat.

Le bon pasteur

Le bon pasteur donne une nouvelle vie pour ses brebis.

Chaque jour est un pansement que l'on défait le soir venu

Pour se reposer et ouvrir au lendemain

La fenêtre d'un nouveau jour.

Les blessures d'un jour se soignent

Un lendemain certes mais l'entrée sur cet autre jour

Peut effrayer des âmes qui ne méritent que mépris.

La vie reste aux yeux des gens heureux

Une découverte de chaque instant,

Des sentiments clairs sur la beauté des années écoulées

Et disponible pour accueillir un avenir incertain.

La joie d'un lendemain peut il est vrai se transformer

En un jour de peine mais le regard sur le ciel d'un jour

Est là pour nous apporter espoir et réconfort.

Un jour long qui n'a rien dit

A autant à raconter qu'un jour chargé et coloré

Au long des heures orchestrées.

La patience demeure une expérience de valeur.

Le ciel I

Un espace restreint de lumière

Au milieu des nuages verts

Un croissant bleu

Se dessine dans les cieux

Quand de grises traînées

Montrent leur nez

L'inlassable quiétude du ciel

Prend un goût saveur miel

Les arbres gris

Ne connaissent pas l'ennui

A côté des champs jaunes

Soleil de Vincent Van Gogh

Chaque heure les nuages et les arbres

Echangent leur couleur

Pour leur plus grand bonheur

Tous prennent des allures

Filiformes « Giacométiennes »

Et je suis le géant marcheur

Qui enjambe les ponts

Croisent des hérons

Sur l'autoroute du sud.

Tout semble se confondre

Mais qu'importe la route

Est devant moi,

Les kilomètres s'effacent

Des vallons longs

Peu soucieux

Des cieux capricieux

Ma route je poursuis

Car présent je suis.

Le ciel II

Les richesses du ciel

Nous tiennent rêveurs

Aujourd'hui il a des crayons de couleurs

Artiste à ses heures

A l'aube des ailes déployées

A l'heure du lever

Il ajuste ses lunettes de soleil

Pour ne pas avoir froid aux yeux

Une paire de ciseaux

Pour couper les vents forts

Il retire son manteau

Pour prendre un bain de pluie

Met son voile

Pour épouser la terre

Il a des animaux domestiques

De coton choyés

Et des cartes géographiques

Pour mieux s'orienter

Il retrouve ses cinglantes lumières

Pour trancher à vif le tonnerre

Sa porte donne sur la cour du Paradis

Son empire a pour nom Céleste

Sans rémission il pleure ses ennuis

Rit ou bien s'ennuie

Lorsqu'il a perdu ses couleurs

Et se contente d'un bleu ciel

Il attend la nuit pour admirer

Ses lucioles et sort les compter.

Le Con-Finement

Un son qui en dit long

Sous ces arbrisseaux

La roue des mauvais jours

Fait trop de tours

Et la pâleur des heures

N'est plus un leurre

A l'ombre d'une lumière

Nous restons en peine,

A la lecture d'un calendrier

Passent les nuits

Et les jours meurent

Des nuages s'effacent

Et laissent place

Sans aucune trace

Gouverner les étoiles

Gardiennes de nos nuitées

Pour un monde

Qui se repose tout en bas,

Sans arme nous luttons,

Nous levons, recommençons

Inlassablement

Ainsi va une vie de con-finé.

Le cri de l'amour

Des avalanches de pluies

Des orages de mots tombent sur moi

Le danger envahit tous ces visages qui ne sourient plus.

Les soldats de l'amour ne sont plus là, partis

Pour d'autres pays

Ils ne voient plus aucune lumière

A la façon d'un ballon qui ne voit pas son but

Pourtant le lierre n'a pas cessé de courir sur les arbres,

Les phares d'éclairer, les pêcheurs de capturer,

Les roses de faner,

La famille de grandir

La bonté, les sourires

Ont désormais des peaux de chagrin

La furieuse chaleur de l'été

Rend désertes les rues de l'enfer

Les gens las, deviennent fous

Et s'enferment dans un trou

Allons donc cueillir des sourires,

Dans les proches prés,

Parcs et jardins,

Des fleurs sourires.

Le grand rien

Le grand rien

Les larmes de la mer

Sonnent l'heure de la peur

Les ombres se poursuivent

Et le soleil n'y peut rien.

Le noir charmeur

Dans la buée de ton corps scintille ton âme.

Sur la cime d'une vague s'évade l'instant d'une larme de bonheur. Les remous se multiplient et le vent souffle sur les nuages qui démasquent l'unique lumière de cet instant.

Le vent puissant déchaîne des vagues tourmentées, oublieuses de ses admirateurs, elles acquièrent une vitesse folle et prennent de la hauteur sans perdre leur saveur. Leurs veines, d'une blancheur pure, crachent un dernier rejet sur un sable éponge, couleur blé.

Leurs empreintes crémeuses laissent éclater de sporadiques bulles, image du temps éclair qui nous abandonne.

La beauté des vagues en hiver, de la mer en enfer vaut l'or du plus émouvant livre ouvert.

Le gris bat son plein et les remous blancs crayeux disparaissent à la nuit noire Soulagienne.

Soulages, lui, sait capter le noir que nous ne savons voir, la richesse d'un miroir qui ne prend pas vie en nous.

Cette couleur si pure que nous regardons avec des yeux impurs, d'un regard étranger à faire pleurer la nuit. Ne verrons-nous jamais la lumière de la nuit noire ?

Elle ne cherche qu'à nous soulager des déconvenues de la journée et Soulages l'a bien compris.

Notre fragilité si lâche refuse de s'y reconnaître, nous nous cachons derrière ce noir qui nous surveille dans les hauteurs de la nuit.

La blancheur de la nuit nous écoute, nous conseille et veille sur nous puis nous quitte à sa façon pour revenir, toujours aussi ponctuelle, du moins aussi fidèle que la veille.

Le noir s'épuise, déprime à force de lui voir refuser sa beauté, la nuit n'est pas rancunière et se fait du bien à vivre ses lendemains.

Les blanches et noires voluptés de son culte ne durent que le temps d'un blanc et d'un noir encensoir qui se balance dans le soir.

A l'image d'une pierre noire, d'un tableau noir, les intentions velléitaires des grandes idées sont toutes en beauté, à l'image d'une jeune femme, toute en beauté, vêtue de noir, le noir à l'âme aimante et divagante.

Une pierre noire découpée meurt un peu, un tableau noir vendu aux enchères pleure. Tous ignorent leur prix vrai. Laissons-les à leur authenticité, ne les rendons pas meurtris !

Quant aux charmes du gris, eux, ne cherchent pas les conflits. Le gris d'une nuit tombante, le gris d'une journée finissante, le gris beau est toujours présent et il est charmeur aussi.

La couleur de l'un ou de l'autre n'a plus à faire audience. On aime son intrusion même s'il n'est pas un intrus. Voilà le beau triangle du blanc, du noir et du gris.

Ces trois couleurs sont la voie du bonheur et la voie du marcheur, les rails gris acier dans un tunnel noir, un lilas blanc parfume le voyage des trajets longs en couleurs.

« Dans la nuit du plein jour » de Christian Bobin, j'aime à dire et à penser au plein jour de la nuit.

Mon âme y est prise, cajolée, mon cœur la suit tels deux amoureux, soucieux du bonheur des heureux et des malheureux, les malencontreux de la vie.

 A tous ceux que l'on aime d'un amour sûr, chaque jour est un temps qui meurt un peu pour être un peu moins.

Un temps qui toujours vous quitte à tout jamais.

Le rêve

Les rives de mon livre sont ivres

L'ivresse de mes nuits fond

Dans des rêves de vie

Le tranchant de mes ennuis,

Le coupable de mes soucis

Mon rêve est un ressort

Qui a quitté sa place

Libre, dans son nouvel espace,

Il vitupère des histoires perdues,

Des brins de vies oubliées,

Des visages, avec ou sans nom,

Prennent place et jouent

Une pièce de toutes pièces inventées, montées

Là s'amoncellent les cruels passages d'un trépas,

Ici les impossibles réalités

Se fraient un chemin

Et vivent dans la nuit.

Le temps

Le temps passe à la vitesse d'un train qui siffle et s'éloigne

Le temps nous échappe comme une odeur qui s'enfuit après quelques pas

Le temps ne se manifeste pas pour nous dire

Qu'il se vide si rapidement

Se dissout sans préavis

Sa disparition doit nous avertir

Que tout nous appartient

Alors que notre mémoire veut l'oublier,

Réveillons nos pupilles, papilles...

Le vol d'un papillon attire mon attention

Je me donne le temps d'apprécier cet instant.

A l'écoute du vent qui parle aux feuilles des arbres

J'apprécie la fraîcheur qui court sur ma peau.

Les libellules bleues

La danse des libellules

Sur des tuteurs en bois,

Elles volent, font des échanges de perchoirs

Et semblent jouer en un éclair rieur.

Plus tard, elles s'enfuient

A l'annonce de la pluie,

De quelques gouttes tombées du ciel,

Etoffées de grisaille

Les libellules sont parties,

Se sont enfuient à l'annonce de la pluie.

Demain, elles n'auront plus peur et reviendront

Reprendre leurs jeux magiques et somptueux.

Les mots s'éveillent

Les mots prennent vie :

Les mots dansent, s'avancent, s'arrêtent,
jacassent, s'affrontent...

Les mots tendres s'attendent

Les mots courts s'essoufflent

Les mots vivaces s'effacent

Les mots pluriels ont des ailes et s'amoncellent

Les mots sages n'ont pas d'âge

Les mots fantômes demandent l'aumône

Les mots qui naissent font des prouesses

Les mots poétiques prennent racine

Les mots courants sont toujours dans les rangs

Les mots verts sont écrits à l'envers

Des mots, des mots, encore des mots.

Il y a le mot pirate, toujours malhonnête

Des mots volants, des mots mordants

Il y a ceux qui blessent et ceux qui font du bien

Le mot tricote n'a pas toujours la cote

Les mots savants prennent leur élan

Les mots séniles perdent leur place

Le mot secours fait toujours peur

Le mot couleur lui n'a pas peur.

Le mot odeur fait gonfler les narines

Les mots lumineux restent entre eux

Les mots odieux ne sont pas lumineux

Les mots divers n'aiment pas l'hiver

Le mot sangsue vous colle à la peau

Le mot transpire il n'y a pas pire

Le mot froideur vous glace le cœur

Les mots fous sont toujours trop mous

Le mot scandale se répand

Le mot poignant est trop lent

Le mot super exprime tant et tant

Le silence a éteint son portable

La parole a repris son débit

La radio se fait entendre

Le mot Amour attend son tour pour dire toujours.

Les murs

Les murs ont des oreilles et font des sons forts, larmes de spiritualité.

Les murs des maisons craquent de douleurs et pleurent d'avoir trop entendu.

Nus ils tendent à être lorsqu'un propriétaire prend la poudre d'escampette.

Trop lourdes sont les histoires qui pèsent sur leurs épaules alors ils bougent de ne pouvoir plus.

Somme toute ils sont tenaces et vivent longtemps malgré l'ennui et le désespoir de voir les heures, les mois, les années pulvérisés dans le passé.

Les murs ont une histoire et l'histoire a des murs qui abritaient, entendaient, écoutaient et gardaient en secret.

Repus de bonheurs vécus et de mensonges cachés, muets et conciliants à certains égards, ils peuvent témoigner de blessures endurées, de malheurs accumulés.

On dit qu'ils sont à fleur de peur à la vue d'un monde égaré, ils se sentent menacés face à des hommes révoltés, insurgés,

Jusqu'à enragés, épris d'une rage destructrice.

Les murs savent nous protéger, nous enfermer, nous oppresser. Ils sont beaux ou laids, colorés ou bien tristes, en pierre, en bois et cetera.

Ils ont des bras protecteurs, supportent les lourds tableaux des musées. Malmenés ou encore malaimés parce qu'inquiétants. Ils sont habillés de beautés rares ou bien oubliés.

Ils sont de séparation, d'enceinte, de soutien ou des lamentations. Un mur s'appelait Berlin, il y a les murs de ville et ceux de campagne. Intérieurs ou extérieurs ils sont toujours à l'heure, leurs pendules et cadrans solaires ne les abandonnent pas hors du temps.

Leurs épaisseurs parfois abritent des trésors si ce ne sont des horreurs. Il est encore de ceux que l'on escalade.

« J'ignore pourquoi nous, murs extérieurs on nous qualifie de façade, ce qui engendre la jalousie de l'autre côté.

Il en est un qui ne montrera jamais le bout de son nez, il s'appelle mur du son, il est à ce qu'on dit très bruyant.

Nous avons des murs amis, des murs ennemis. J'ai entendu dire que l'on en déplaçait certains sur des roues, il en est même qui sous eux ont senti des rails, ils n'avaient pas assez de leurs soupiraux. Nous voilà transportés pour des destinations inconnues !! Que diable !!

On nous a érigé en cathédrales, châteaux, en station de métro, commerces, bars, maisons particulières… Les bâtisseurs ne savent plus quoi inventer. Mon voisin me dit, je suis une façade, cela va sans dire, il a vue sur des nains de jardin. Certains de mes amis plus chanceux ont vue sur mer, d'autres non seulement supportent la mauvaise ambiance des parkings mais profitent encore de leurs odeurs nauséabondes.

Il y a à peine une semaine, mon voisin de droite, je n'ai jamais su son nom, a reçu des coups de massue et il en est mort, disparu en peu de temps comme d'une maladie foudroyante.

Fragiles, costauds, on nous rencontre un peu partout.

Certains possèdent les rondeurs d'un nid d'oiseau, on nous attribue les noms de pigeonniers, tours, coupoles, clochers, de quoi en perdre son latin. D'autres ont des ouvertures plus ou moins grandes nommées meurtrières, fenêtres pour éclairer les esprits et rafraîchir l'atmosphère, vitraux qui généralement ne s'ouvrent pas et cetera

Souvent, trop souvent à mon goût, nous subissons des perçages douloureux, profonds et perdons de notre audition, très lésant pour notre fonction. Les saisons ne nous épargnent pas non plus, humides et froids nous craignons les hivers mais ne pouvons éviter la soumission.

Tout n'est que façade et propre à l'apparat. Des oreilles se collent à nous telles des ventouses et l'on dit ensuite que ce sont nous qui avons des oreilles. »

« Ma maison a des murs jumeaux, ils voient venir au loin des visiteurs incongrus, malencontreux. J'ai ouïe dire que des murs se rapprochent ou bien s'éloignent. Je déteste les murs inachevés, ils ont l'allure de n'être rien. Mon faible va aux murs cylindriques, dépourvus de compagnons. Les murs taillés dans la pierre, les pierres meulières, les pierres millénaires, centenaires, visionnaires d'un monde qui s'enlise, s'ensevelit, niais de certitudes fondant sous le soleil de midi un dimanche après-midi.

Un monde de lumières trop vieux meurt assoiffé d'avoir trop bu, de faim pour n'avoir envisagé sa fin.

Les murs ne verront plus le jour, ils s'écrouleront, s'enfonceront dans l'abîme du jamais plus. Le néant sera alors cette beauté d'avoir existé. »

Un point de vue sur un pont de vie, tout semble dit, pourtant une touche de peinture est toujours manquante.

Comment viennent les mots, me direz-vous.

- En fermant puis en ouvrant les yeux.

Les portes

Belles en campagne

Elles sont parfois vêtues

D'une main lourde,

Un heurtoir, une poignée

En fer

Elles ont une clé unique

En leur genre

Elles nous détaillent

Des nids remplis,

Des vies envahies

Nul besoin d'en parler

Pour découvrir des paradis

Au milieu de peintures écaillées,

Entretenues

Papiers peints en tout genre

Tableaux plus ou moins nus,

Exceptionnels

Présence d'un téléviseur,

Ordinateur, amateurs

En tout genre, lecteurs, buveurs,

Collectionneurs, écrivains, musiciens

Les portes sombres ou colorées

En bois, cossues ou légères

Dévoilent leurs pensées

Leur vécu, lourdes ou grinçantes,

Elles peinent à s'ouvrir,

Austères, joyeuses,

Témoins de savoirs, secrets cachés.

Les portes quelque peu vitrées,

Laissent passer la clarté,

Elles sont grillagées

Ou accompagnées d'une jalousie

A l'identique des séparations

D'un confessionnal

Elles en disent long dès leur ouverture

Sur le caractère décidé,

L'état d'esprit de celui qui la tire, la pousse

Arrogant, violent, prudent

Les portes extérieures sont

Uniques et bavardes

Les portes intérieures, de séparation,

Sont plus intimes,

Posent leurs yeux sur

Des âmes craintives, solitaires, voyageuses

Aux pensées en tout genre

Elles supportent coups, rayures

Ricanent des visites indésirables

Indésirées, sans intérêt

Mais restent discrètes

Résignées et supportant

Les températures en tout genre

Quand elles sont par négligence mal fermées

Les portes coulissantes

Moins gênantes, ne supportent aucune entrave

A leur fermeture.

De dimensions en tout genre,

Elles accueillent des individus de tout genre

Elles ne peuvent éviter de fonctionner

Au risque d'être réparées

Fermées elles nous protègent,

Ouvertes, invisibles, courtoisement nous invitent.

Mais au fait pourquoi existent-elles ?

Pour nous séparer nous éloigner,

Nous inciter à partir, à revenir.

Elles voient tout, elles savent tout.

Les plus vilaines portes sont les plus belles
Belles à photographier et restent les plus loquaces
Abattues par les années, les portes supportent
Et portent bien leur nom.

Les soucis de l'amour

Il pleut des larmes

Sur mon corps

Les flots de ton nom

Sans cesse

Se manifestent

Et perturbent

Mon allégresse

Des moments dégagés

Reviennent à moi

Et le soleil me parle de MOI.

Les tourbillons

Les raisons des saisons

Les raisins de leurs seins

Les pluies des ennuis

Se multiplient

Les bruits des cloisons

Les saveurs des heures

Les paris des commis

Sont sonores

Les oiseaux à terre

Sans eau à Nanterre

Sans chant ils se terrent

Sans manger ils se meurent

Et la mort les fait taire

Les tourbillons des oisillons ne sont plus.

Les vagues

Les vagues s'écrasent les unes après les autres,

S'embrassent même parfois.

Parfois elles en disent long sur les marées

Qui nous racontent l'heure, l'heure d'un jour qui sonne,

Et se refait au fil des jours.

Les vers de mon père

Les vers à refaire font bonds et rebonds

Les vers involontaires

Appris par cœur

Ils sont chimères

Impartiaux et impairs

Déguisés et impropres

Engloutis dans un sable mouvant

Ils sont tombés dans l'oubli

Les vers de mon père se lassent de tons
discordants

Ils sont métalliques

Les vers bleus aqueux

Aux rythmes stellaires

Font frissonner des amateurs

Vous êtes en accord avec la musique divine

Un crayon vous effleure

Et vous en restez coi

La plume vous rend plus loquaces

Les vers ont leur mot à dire

Tendres ou bien émouvants

Durs mais sans armure

Ou bien sépulcraux

Vous toisez les plus récalcitrants

Vous êtes méandres

Et circulez dans les moindres recoins

De notre esprit

Des vers sereins

Prennent des allures d'oisillons

Les plus longs donnent dans l'élégance

Les plus courts dans le savoir faire

Ils s'abreuvent de mélancolie

Et de belles symphonies

Vous ouvrez vos beaux mots

Toutes ailes déployées

Pour nous laisser venir à vous

Vers suspendus vous demeurez inconnus

Vers velours vous nous caressez

Vers heureux amoureux vous nous aimez

Vers blessés et renfrognés nous ensorcelez

Votre présence nous accompagne

Vous défilez devant des yeux nouveaux

Qui se laissent aller sur un courant

Que nous buvons croquons avec délice

Ces mets nous alimentent

Et nous les savourons

Ils nous magnifient aussi

A vous la poésie

Je dis Merci !

Les yeux fermés

Les bruits forts

Font venir à moi des photos colorées

Le soleil traverse la fenêtre,

Mes pas font un tour

Qui ne dure qu'un instant,

Sans détour ni retour

La force me surprend

Et la vie se rend,

A chacun des silences morts.

Ainsi va et vient mon être

Sans même y paraître,

Au vent des semences arrachées.

Lui

Son cœur a la senteur d'une fleur

Les mots simples ont une longue vie

Ses cheveux longs frappent l'air

Et s'agitent de bonheur

Dans l'ombre de son cœur je suis

La poésie le rattrape

Son sourire illumine ses yeux

Les livres font battre son cœur

La simplicité des mots sa fraîcheur

Ses mains accaparantes, saisissantes

Doucement caressantes

Des adjectifs encensent les mots

Son corps Appolon

Sa bouche peu entrouverte

Les verbes sont vifs, plaintifs

Actifs ou bien passifs

Décideurs, pourfendeurs

Inexorables saccageurs

Il a un goût immodéré pour les mots simples.

Ma bienveillante source de lumière

Je suis le typhon de mes nuits et Conrad n'y est
pour rien

Mais uniques sont les journées

Un scintillant bijou dans le ciel bleu,

Le jour tombe jusqu'à moi

Pour imprégner mon corps de ses mille pépites

Et voir rebondir en moi

Cette joie de vivre

Toujours et toujours

Un jour sans bijou n'a pas l'existence belle.

Le parfum des fleurs

Ou les odeurs des heures fécondes

Qui s'offrent à moi

Ne m'autorisent pas des jours noirs

Les observer, les voir vivre en moi, me voir
avancer

Et attendre une claire et lumineuse journée,

Appelée lendemain.

L'âme ouverte, sans porte ni fenêtre, le corps
libre,

Le cœur exposé au bonheur du jour

L'esprit accueillant à nouveau,

Encore et encore

Des songes vigoureux, fulgurants et insatiables

Qui n'appartiennent qu'à moi

Tant la lumière du jour m'appartient.

Ma fortune

Je grimpe à un arbre

Et quelqu'un me retient

Je veux regarder la lune qui fait de la balançoire

Et quelqu'un me retient

Mon intérêt n'admet aucun délai

Mes mots n'ont plus de patience

Mes froideurs, les messages de mes stupeurs

Passions et colères sont impatientes

Car je suis pressé

Je veux une vie colorée, de fleurs étoilées

Et de fragrance honorée.

Une vie d'envies, une vie d'amis

     Une belle vie

        Une vie belle

De poésies amoncelées, multipliées.

Mers les bains

Au fil du vent je cherche mon port

Tisse ma toile du haut des falaises

La mer ne cesse sa production

De bonheurs en addition

Je cherche le tampon de l'amour

Pour être son élue

Le bonheur fort dans mon coffre

Je sors à ma guise

Unique et sensitive

J'appelle les cieux à témoigner

De cette folle certitude

Au fil des mots je cherche l'exactitude

Pure et rare au nom de la loi

Des mots riches et pauvres à la fois

Qui se cachent d'emblée derrière moi

Leurs sons menacent mon émoi

Résonnent en mon corps étroit

Pour les accepter tout à la fois

La nuit les rend dignes et légitimes

La lumière du jour propice à la vie

Courts ils se veulent blessants

Et longs ensorcelants.

Mes songes

Mes songes ont capturé les poings ouverts de l'Univers,

Une planète terre qui s'ouvre,

S'aplanit avec une imperceptible douceur pour régaler

Tous les êtres vivants sur des pelouses vertes,

Au bord des lacs et des mers accueillantes,

Offrant des plaisirs lents et loisirs turbulents.

Une terre qui s'étale à la façon d'une pâte

A tarte, elle parle à tous les jardins de fleurs.

Les garçons qui s'étirent sur les gazons gris

Ne disent rien, pris de court dans la cour

Des jeunes fleurs.

L'amour est un trampoline qui fait des rebonds hauts,

Des rebonds bas, le tapis de l'amour est résistant, ou pas.

Le sort de l'amour est jeté avant même que les jeux ne soient faits

L'amour est ce macadam mou sur lequel nous marchons.

Les années en flammes se succèdent et s'égarent.

Les chemins de terre sont blancs et nous ne chantons plus

Les rues font une pause et la solitude s'impose.

Mon envie

Mon envie est ravie

De n'avoir pu

De n'avoir vu

De n'avoir su

D'avoir cru

Sans un ru

D'avoir tu

Tout à nu

Sans que personne ne su

Qu'elle avait cru

Être nue

C'est bien connu

Aux vues de tous

A la vue de personne

Qui ne sonne

Qui ne donne

La somme

D'une tonne

D'idées bonnes

Pire son rire

L'envie de son choix

Ne nous a rien dit.

Mon esprit s'envole

Mon esprit s'envole, tourbillonne

Dans les sphères de mon univers.

L'affolement

 S'opère dans ma tête qui oublie l'origine

De ce déchaînement,

Tout se mêle et la fatigue s'installe en moi

Par toutes ces pensées précipitées

Qui s'imposent à moi comme des sangsues.

Notre sort

La mort est un sort qui est si fort,

Elle nous entraîne traîne…

Des traînées blanches

Dans un ciel joyeux

Sur ce nuage cotonneux

Je voudrais camper

Me prélasser et admirer

Alentours pour calmement chasser

Les songes des ennuis

Et dans la nuit planter

Les écumes volantes de la mer

Sur mon nuage blanchâtre

Accueillant et, mollement respirer

Mon univers vivant

Vivre les volutes toujours

Vivre les images magiques

Vivre reclus dans les couleurs

Heureuses de la perfection

Je voudrais tisser une toile

De cheveux blonds

Pour m'y accrocher

Mordre les fruits de la jungle céleste

Et laisser mes yeux se reposer

Devant toutes les beautés du ciel

Et de la terre.

Nouveauté I

Une chauve-souris qui rit

Un mouton sous mon lit

Un temps qui guérit

La rivière sort de son lit

Le vin fait sa lie

Evitons les non-dits

Prenons un billet pour la vie

Et faisons tous les paris

En voyant les oisillons sortir du nid.

Nouveauté II

Un nuage me sourit

Le jour où une araignée

Se jette dans mes bras

Lumière du soir

Accessoire du noir

Le visage originaire de la pluie

       Est parti

Les trombes ont fini

Sur le sol argenté

De la journée

Dans le pré de mon cœur

Pas de place pour la peur

Je déguste pour un soir les saveurs

De mon cœur

Sur la route de l'amour

Je te vois par le hublot

De mon navire

Les prés verts

Songes des fonds marins

Des jetées de perles

Montent à la surface

Je les prends en photo

Les plaintes sont réellement endormies

Dans cet écrin de vie.

Nouveauté III

Le soleil pleure

Les ombres envolées

Les arbres gémissent

S'en mêlent les fleurs

Les oiseaux égarés

L'homme ne chante plus
Le malheur est tombé.

Observations

Les fonds marins ajustent leurs lunettes

Pour admirer un paradis coloré

Les montagnes leurs jumelles

Elles croisent le regard des bouquetins, chamois, et cetera

La fumée des cheminées met son cache-nez

Et respire avec les yeux

Ses sourcils frisés se font des révérences

A la vue de belles maisons

La grisaille de ses cheveux

Chevauche dans les airs

Son front a mille raisons d'être en ébullition

Lentement elle s'étouffe à la lueur

Des lumières de la nuit

Sa respiration pense à sa vie de demain

Son visage se consume

Tout est fini

A demain.

Petit capharnaüm

Poussières délaissées

Admirable maison

Rideaux délavés

Photos dentées écorchées

Loupes aveugles

Dans un tiroir surpeuplé

De vieilles boîtes

L'une de petite taille

Bergamotes de Nancy

L'autre petite aussi

Bêtises de Cambrai

Ciseaux sécateurs rouillés

Gants en symbiose troués

Livre de recettes jaunies

Pages humides farinées

Taches sur un papier de fond

Agenda de rendez-vous

Qui en dit long

Médecin mensuel

Coiffeur à l'occasion

Des ampoules usées

Par des heures écoulées

Un gros crayon triangulaire

A la mine lustrée

A l'apparence protégée

Tant il a résisté

Montres arrêtées endormies

Ne donnent plus l'heure

Piles de différentes tailles et couleurs

Des bouchons souvenirs

A l'odeur de liège enfermé

D'autres protecteurs sans odeur

Dés à coudre et boutons dépareillés

Trombones aiguilles houseaux

Et clous de tapissier

Qui s'attaquent à vos doigts

Clés uniques de lieux oubliés

Jeux de cartes goulûment maintenues

Lors de parties enflammées

Ces tiroirs que l'on a peine à ouvrir

Tant ils regorgent et débordent

De souvenirs ou objets inattendus.

Pluie

Comblé par le parfum d'une fleur

Qui effleure mon cœur

Comblé par la chaleur du soleil

Qui sèche mes larmes

La fraîcheur d'un vent d'hiver

Qui baigne mes cheveux sur l'heure

Soudain il pleut des baguettes

Transparentes de pluie

Mes branches s'accrochent

A un arbre bicentenaire

Et mon corps insulte la pluie

Il a perdu confiance en elle

Les pulpes de mes doigts

Se plaignent du froid

Et perdent leurs délicates

Façons de communiquer

En se caressant doucement.

Quelques remarques

Ta lyre ne veut pas me dire
Où sont les violons longs
Dont nous parlions en réunion.

Un petit tour en montagne
Un nuage blanc et long
Cache le Mont Blanc
Demain la pluie sur Doucy
Il faudra sortir les parapluies.

L'assombrissement de l'amour
Ne dure pas toujours

Ma fatigue prend ses aises
Et refuse mon aide
Elle est à bout.

Retrouvailles

Les débris de mes ennuis

Les armes de mon silence

Dessinent le vestibule de mon âme

Des sourires pénètrent dans ma tête

Un ruisseau de larmes

Coule dans mes veines

Mes jambes maîtresses

De mon corps s'évaporent

Les portes de mon cœur

Grincent au son de tes pleurs

Et te laissent entrer

Dans un bain onctueux

De jouvence

D'une froideur à son heure

Tu pénètres dans la maison de mon âme

Un puits de lumière

Soudain nous arrose

Nos sourires s'esquissent

Nos rires écartèlent nos lèvres

Nos sueurs débordent de plaisir

L'oubli n'a alors plus de mesure

Il prend la direction de l'infini

Nos cerveaux se transforment

En gondoles qui

Voguent sur l'Adriatique

Quand les graines de l'amour

Germent au même instant

Les odeurs du jasmin

Nous accompagnent

Nous enfermant crédules

Imparfaits et voraces

Dans une même bulle.

Sans cesse

Il y a des vies qui regardent

Passer les jours les uns

Derrière les autres

Elles s'appellent vieillesses

Des souvenirs en liasses

S'entremêlent

Ou bien tombent pêle-mêle

Elles s'accrochent à leurs lianes

Et grimacent, grimacent

De ne pouvoir plus

Les efforts tombent à l'eau

Les pas se font si lents et coûteux

Que les envies s'épuisent.

Sans titre 1

Des taches blanches

Sur un drap blanc

Les touches blanches

D'un blanc piano

Un arbre blanc

Dans une blanche saison

Le blanc d'un ciel gris

Me sourit

Et le noir du soir

M'assombrit

Sans titre 2

Dans mes yeux fermés

Des fantômes bleus,

Une blanche fumée

Passe devant eux

Les yeux fermés

Un ange blanc et bleu

Me guide vers ceux

Qui loin de moi sont,

Escortés par des oiseaux

Bleus et blancs

Qui brûlent les ans

Et oublient le présent,

L'instant où stagne le temps.

Sans titre 3

Les nuages ne sont pas pressés

Le soleil traverse une vitre

Les yeux clos je vois des cristaux

Orangés qui explosent en éclats

Sans limite je vitaminise mes yeux

Un suprême moment de mon existence

Ma respiration se veut douce.

Sensations

Dépourvu de colère

Habillé tout en vert

Un voile

Vole dans les airs

Créateur de senteurs

Mon esprit voleur

S'empare de fonds sonores

Venant de nulle part

S'attaque aux châteaux faibles

Et compte les décombres

Dans les coulisses

De la forêt voisine

Au bout d'un sentier

Débute un voyage long

De douces épines

Longent des murs verts

L'humidité me raidit

Quand me ressaisit

Le chant d'un oiseau

Qui m'en dit long

Sans me remarquer

Continue son concert

Dans un paradis vert.

Soit dit en passant

Le capital de la parole

Ouvre des portes

La parole du capital

Peut fermer des portes

Parole et capital

Le ton sérieux

Des armes incontournables.

Soleil d'une nuit

Les jours affaiblis

Sortent de l'oubli

Les plus interdits

Dépourvus de garantie

Ne s'épargnent pas en énergie

Les jours désuets

Ont perdus leur prestige

Les jours vieux ne parlent plus

Un jour bancal une nuit normale

Une nuit agitée un jour animé

Ils ont des ailes et sont voyageurs

Ils se colorent ou perdent des couleurs

Les excès ne sont pas de leur fait

Jours et nuits de garde et bien gardés

Accompagnés ou solitaires

Elles sont blanches ou reposantes

Désespérantes tropicales

Ou bien sépulcrales

Voyageuses à souhait

Un jour tranquille une nuit vagabonde

Deux esprits deux secrets

Sont à écrire les pages d'un jour

Le roman d'une nuit

Un livret en deux actes

Folles nuits de parcours ensevelis

Doux jours roulent avec toujours

Certains actifs d'autres inactives

Elles se renouvellent et se suivent

Elles pointent leur nez ils se couchent

Dans une indulgente beauté

Les graines d'un jour

S'étiolent dans le ciel

Les semences d'une nuit sont les étoiles

Etoiles d'un jour.

S P M E T*

Une journée avalée par le cratère des jours, nommé Calendrier.

Je me sens comme un kaki bien mûr qui s'écrase au sol.

Je me sens comme une petite fourmi écrasée, pour le moins blessée.

Lasse de voir ce temps passer, je ne me suis jamais sentie aussi vulnérable face aux secousses du temps, aux rappels que tout est déjà un avant, un tout à l'heure, il y a un instant, déjà bien loin, enseveli par les poussières du temps, les poussières du temps qui a perdu sa voix, son soi furtif, son visage entre aperçu, aussitôt disparu pour d'autres poussières, qui n'ont pas le temps d'être validées, balayées qu'elles laissent leur place.

Je me sens malmenée par toutes ces précipitations, pas le temps de se remettre d'une nouvelle qu'une autre me surprend. Pas le temps, pas le temps de savourer qu'il faut songer à la digestion.

Je me sens comme une petite fourmi écrasée, pour le moins blessée.

Je me sens comme un kaki bien mûr qui s'écrase au sol.

Par les temps qui courent, le temps court tout le temps. Nous vivons dans le néant de l'instant.

Le passe-temps fait aussi passer le temps qui passe tout le temps sans se soucier du temps, beau ou mauvais, tant qu'il prend le temps de passer, rien ne peut l'arrêter.

*SPMET, TEMPS écrit de droite à gauche

Toi mon auteur

A la lecture de tes mots je transpire de bonheur.

Là, je suis là, surprise de me voir toute entière, du moins si ce n'est entière, une partie de mon moi je vois. Photographiée de l'intérieur dans mon ultime intérieur.

Une âme aux yeux d'une clarté rare, rare elle se réveille. Rassurée, elle se réveille sur mon moi, non révélé, je le sens vibrer des couleurs arc-en-ciel, un soleil étoilé de mille brillances. Mon esprit respire mille vents forts, fort des ennuis qu'il produit mais en moi ne nuit.

D'un feu vert, il donne sa signature pour le chemin que je vise avec la précision d'un être à corps perdu dans la maison de l'irraison.

De lourdes plumes querellent à en perdre haleine, dans le sas de ma tête qui s'accordent mille fêtes, aux couleurs guimauve, sur les airs insouciants d'une musique trompeuse.

Je crée des images pleines sur un terrain sans fin.

Toi mon écrivain, tu me régales des feux d'artifices de fleurs de toutes les couleurs, non encore répertoriées certaines.

Tu m'absorbes dans mes pensées perdues, n'ayant aucun dialogue avec aucune horloge.

Le parvis de mon imagination, sans frontière, voit des bougies qui s'allument puis s'éteignent pour laisser d'autres bougies ardentes de lumière, des bougies du passé, des bougies à venir qui font vivre un présent simple, faste et prêt à chanter sous l'œil influenceur de mon mentor.

La savane de mes vastes sources de bonheur n'a de cesse de se peupler.

Toujours plus haut

Mes ailes dentelles,

Mon tronc troubleau,

Mes pattes de mille-pattes

J'ouvre mes yeux bleus.

Et mon tronc s'agite telle une anguille,

Je prends alors mon envol dans une passe folle.

Un espoir vécu sans nulle loi,

M'invite à suivre des oies,

Ces migrateurs oiseaux

Qui m'indiquent la voie

Vers des cieux plus hauts.

Mon envol d'oiseau

Met Dieu en moi.

Je me sens digne et libre

Ce vol céleste me dote de tant de beautés,

Les beautés du ciel haut,

Que mes pensées chavirent.

L'esprit léger,

Je monte haut, je vois haut,

Toujours plus haut

Et je rêve perdu dans les cieux,

L'inaccessible beauté de l'humanité.

Un air de valse

Feuille de sang

Je te vois descendre en souffrant

Feuille d'amour

Tu tombes à terre pour toujours

Feuille de tous les jours

Tu tourbillonnes et fais plus d'un tour

Feuille d'automne tu t'écrases sans détour

Feuille morte tu divagues sans retour

Feuille jaune orange bicolore

Vous êtes le reflet des heures passées

Des souvenirs envolés

Des journées ensevelies

Des rencontres pulvérisées

Conversations perdues

Amours oubliés

Cœurs éloignés

Feuilles d'érable je vous aime

Feuilles de feu je vous applaudis

Feuilles de fruitiers vous m'émerveillez

Le vent vous pousse et traîne

Le vent vous entraîne traîne.

Un jour la pluie s'ennuie

Un jour il fait nuit

Gronde le tonnerre

Et luisent les éclairs

Lui retentit, eux nous éblouissent

L'un fort, très fort, tonitruant

Les autres aveuglants, éblouissants

Ce jour vêtu de nuit

Terrifié a peur de l'oubli

Du présent infatigable qui se répète

Tours et clochers affrontent

La même peine, les mêmes chocs

Au menu des éclairs dentelés

D'incontrôlables trombes d'eau

S'écrasent sur les parois

Qui pleurent en secret

L'obscure journée endeuillée

D'un sang noir effeuillé

Quand la terre tourne toujours

Au rythme de ce jour tourmenté

Fatigué épuisé des féroces beautés

D'une inconsolable nature en colère

Au loin des nappes de coton

Plus vives encore se rapprochent

Dans le ciel et pourtant si basses

Un énorme chapeau noir

Au-dessus de nos têtes

Annonce une destructrice fête

Sans invitation la pluie s'impose

Dans des chutes infernales

Bruyantes à l'excès

L'heure est à la démesure

Elle inquiète, dévaste les rues

Rend les champs impraticables

La fête bat son plein

Les abris sont combles

Attendre une pluie plus sage

Les uns courent impatients

Les autres impassibles

S'arrêtent de penser.

Un message

Il reste flou

Il n'a pas un sou

Il a été traîné dans la boue

Ne sait plus quoi faire

Sans en avoir l'air

Il avance, divague

Il est amaigri

A l'allure d'un Giacometti

Sans un sourire

Il continue de vivre

En demandant des vivres

Il est à la dérive

Longeant la rive

D'un canal invisible

Le pas incertain

Il ne sent plus ses mains

Lorsqu'un enfant

De sa petite main

Lui tend une fleur

Leur main s'avance

L'une vers l'autre

L'autre vers l'une

De leur bouche pas un son

Des regards longs

Leur bonheur égal

A l'apparence solide

Un instant, un moment

De vie multipliée

Une indéniable sagesse

S'installe comme un cliché

A l'allure éternelle

L'un a le cœur lourd

L'autre léger

L'un passe son chemin

L'autre change de direction

Son arme prend place

Dans un cœur effrayé

Qui commence à s'agiter

Pourquoi cet instant

L'a-t-il chamboulé

A l'en faire pleurer ?

Le souvenir d'une vie passée

La nostalgie d'une vie aimée

Passante aimante

Les arbres retrouvent leur nom

Et les fleurs comme

De bien entendu !

Un nouveau jour

J'ai mis une pincée de bonheur

Dans mon café matinal

J'ai imaginé une journée ensoleillée

Songé aux oiseaux des mers

Ajouté trois cuillères de délices

A mes pensées amères

La chaleur du bol sur mes mains

J'ai vu s'enfuir un nuage blanc

Dans la zénitude des ondes marines

J'ai tourné ma cuillère

Seule source de réconfort

M'offrant un échantillon de surprises

Toupies ouragans bulles en tout genre

Masques de plongés et cercles auréolés

Un soleil une lune qui se décompose

Une vague en détruit une autre

Une vague qui fait courir des bécasseaux

Le parcours fléché à la salle du bain

Le miroir qui offre un visage soudain

Lavage séchage dans un état incertain
Vêtements mis à l'envers faute d'entrain

Sans retour possible le jour est là
Source jaillissante à mes yeux
Devant l'inconnu d'un jour nouveau
Tout est là pour une journée belle
Dans les verts prés je songe à Prévert
Mes chemins prennent des ailes
Telles celles des faucons volant
Puis stagnant au-dessus des champs
Mes lumières sont les premières
A la clarté d'un jour ouvert
Elles se posent et reposent
Leurs clartés toujours étonnantes
Vertes et scintillantes
Sans ambages ni murailles
Je me faufile dans ce jour nouveau.

Un nuage

Relève ce nuage prêt à s'enfoncer dans l'eau

Tel un navire qui sombre,

Tombe à l'eau puis passe devant l'îlot, remonte et s'éloigne au loin.

- « Lève-toi et disparaît bien vite, laisse-moi voir les arbres et les maisons,

Des paysages d'exceptions soulevant tant d'émotions ».

Un rouge cœur

Un jaune fleur

Qui embaume

Un vert sans en avoir l'air

Un versant toujours présent

Un noir sans abreuvoir.

Un secret bien gardé

Soit dit en parlant

Tour après tour

Il s'aventure

Et ses éclaboussures

Loin d'être parfaites

A l'aube d'un jour de fête

La vérité s'évapore encore

Quand elle explore le livret

D'un Opéra muet

La vie secrète

D'un vent qui dort

La magie n'y peut rien

Elle glisse sur ses mains sans fin

Tel un liquide divin

Qui efface son passage vain

La confidence n'a pas de place

Elle a perdu sa chance.

Un trajet

Il fait nuit noire,

Au loin une guirlande de lumières

Vertes et rouges

Les bons pasteurs choisissent

Les vertes, elles les guident

Sur la bonne voie,

Leur indiquent obstinément

Où ils doivent être.

Inévitable passage

Que celui d'un péage

Sur une autoroute

Un soir de nuit noire.

Des cerveaux téléguidés

S'emparent d'une carte bleue

Une couleur paisible

Sur un chemin coûteux,

Ils vont acquitter leur dû

Tel un navire aux lumières

Blanches poussé par un vent fort

Sur un phare au loin éclairant,

Tel un éclaireur

Il leur fera franchir une frontière,

Un péage coûteux

Qui fera gagner un temps précieux

Pas moyen d'y échapper

Lorsqu'on y est engagé

Une idée activement pensée

Pour ruiner les pressés

Et les amoureux impatients

De se retrouver.

Un univers pas comme les autres

Sur les étagères d'une bibliothèque
Flottent des livres
Les uns plus hauts que les autres
Certains se saluent,
Se font des courtoisies
Prennent des nouvelles des uns des autres,
De leurs occupants connus de tous.
Et c'est là que Madame Bovary
En vient à prendre des nouvelles de tous,
Elle n'est plus centrée sur elle-même
Elle parle à notre Juliette shakespearienne.

Sur les étagères d'une bibliothèque
Les pages des livres sont si serrées
Qu'elles ne parviennent plus à respirer
Et les mots en viennent à se disputer.
Les adjectifs si possessifs
Veulent s'approprier tous les articles
Qu'ils soient définis ou non !
Les partitifs eux en prennent leur parti.
Quand les adjectifs habillent les substantifs,

Les virgules consultent les points

Et finissent en points-virgules

Nul ne sait quand finiront leurs conversations

Les sensations sont telles

Qu'elles feront tout pour leur conservation.

Sur les étagères d'une bibliothèque

Des livres fanés, oubliés,

Poussiéreux et jaunis

Tentent de conserver leur place

Et dignité obscure.

Certains les dépassent d'une tête

Et portent couvertures

Lorsqu'eux les ont perdues

Et vont tout nu

Depuis longtemps ou bien

N'ont pas eu la chance

D'en posséder et d'en connaître

La protection, les faveurs et bienfaits

Lors des mauvais temps qui passent.

Les uns sont mis à l'écart, oubliés

Ils vivent leur quarantaine

Délaissés et malheureux

Les autres se jalousent,

Se torturent et frisent la mort.

La mort des mots,

La mort d'un livre

Un livre mort

Tout cela pour une place,

Un rang, une rangée,

Une étagère, un classement.

Un lecteur m'a tenu tard

Dans la nuit entre ses mains

Un second m'a abandonné

Sur sa poitrine ou bien son ventre

Un troisième m'a prêté

Et j'ai connu changement de domicile,

De placement, de rayon, de voisins

J'ai même au rabais été vendu,

Ou jeté dans une benne.

Un lecteur m'a parcouru

Un second feuilleté

Un troisième noté

On m'édite, me manipule, m'envoie

Des postillons et éternuements

Plus ou moins violents.

Je demande un représentant

Un syndicat qui nous défende

Nous, les livres.

Et je ne vous parle pas de la nudité

De nos lecteurs

Des mains qui nous maintiennent trop fort

Ni des yeux inquisiteurs, exigeants, pleurant, riant.

Protégez-nous encore des impulsifs, agressifs,

Non compréhensifs, oisifs, sensitifs,

Des addictifs à l'insomnie.

Je ne veux pas d'embrouilles avec mes lecteurs

Tardifs, abusifs

- Aidez-nous !

Une odeur

Une odeur de biscuits envahit

    Mes narines

Un rassemblement de gâteaux

    Me nargue

L'air est délicieux,

La Manche calme

Un après-midi d'été.

L'air glisse le long de ses cheveux

Les vagues s'embrassent à peine,

L'eau claire jamais endormie

Tout près du port Racine

Mes pensées font leurs valises

Il est l'heure de rentrer

La gorge-bleue et la sarcelle

Me disent Bonsoir.

Une partie à refaire

A toi j'ai raconté les jus des gens pressés

De vivre

Leur réussite ne détenant pas d'autre vérité

Que la leur

Ces gagnants de la vie

N'ont pas l'envie

De boire les millièmes et millésimes du temps

Nous sommes montés au château

Un jeu d'échec sous le bras

Sachant que l'un de nous serait

Perdant ou bien gagnant

Partis pour cette aventure

Nous avons pris nos chemins préférés

Dans les ruelles pavées

De notre village

Arrivés au château

Bien haut niché

Nous avons placé nos pièces royales

Tours cavaliers et pions de protection

Plus de précipitation

Les silences en action

Concentration

Stratégies défenses

Plans d'attaques en suspension

Chacun son camp

Chacun sa bataille

Tu ne me regardes plus

Le feu de notre amour devient un jeu

Tes mouvements lents

Veulent me séduire

Tu animes ta domination

Et moi la mienne

Il y aura un perdant

Un gagnant

Si ce n'est une perdante

Ou bien gagnante

Le jeu de l'amour est en feu

Mais le jeu de l'amour n'est pas un feu.

Une vie

Je dessine ma vie

Avec des ombrelles sans soleil

Et des parapluies sans pluie.

A la craie blanche je trace mon chemin,

Avec mes yeux

Je peins des nuages sans fin.

Le temps d'une pause

J'y dépose mes soucis

Qui s'envolent à tout jamais

J'efface des idées néfastes

Et mon refrain reprend son souffle

Sans souffrance ni note fausse

Supportable il redevient

Dépourvu de poids et de peine

Parsemé de pensées

Pleines et belles.

Mes yeux ont toujours soif

Et mes lèvres dansent

Aux rythmes des chansons belles

Le marché de mes espoirs

N'est plus noir

J'ai tissé ma toile

Dans un rayon de lumière

Qui laisse voir la vérité de ce monde

La poussière qui le traverse.

Utopie

Le changement me ment

Le meilleur est un leurre

Nul doute

L'embarquement pour le rêve

N'a pas lieu

Sans indemnisation

Les espérances n'ont plus de sens

Mes yeux regardent les cieux

L'espoir n'a plus de soir

Rien ne m'accorde une délivrance

Rien ne me sauve

Nul doute

La musique ne sonne plus

La déception lui fait place

Le moment de l'espoir

S'est envolé un soir

L'horizon n'émet plus aucun son

Les sacrifices sont un supplice

La colère fait campagne

L'Océan lui manque d'argent

Et la terre est sous serre

L'humain n'est plus rien

Le visage de la planète

A perdu son sourire

Le paradis terrestre est fini

Notre planète est enchaînée

Je te cherche.

Vaudreville

Le soleil tombe

La mer gronde

Résolument pleine la lune

Apparaît loin des dunes,

Des émules, mules endormies,

Point-virgule

Le soir frais

Adoucit les formes de la nature,

Les ombres n'ont plus d'onde

Les chemins sombres

S'habillent d'une robe noire

Les maisons s'alignent une à une

Offrant la confiance l'une,

La bonne ambiance l'autre,

L'une contrebalançant l'autre

Les sons des uns, les sons des autres

Là est leur vie

Qui abonde cachée, à l'abri

La rime des champs tournesols

Les pompons géants hortensias

Se tapissent dans le soir.

La circulation se tait

Le point-rond est endormi.

Dans les heures sombres de la nuit

Les ruelles n'ont plus d'ailes

La poésie s'enorgueillit

Plus loin, les dunes de Biville

Cachent

Des stars jolies fleurs

Un lendemain nuageux,

Des percées bleues,

Les escargots de Prévert

Se sont mis au vert

Puis refont le chemin à l'envers

Le Cotentin se prélasse

Dans un bain multicolore

D'hortensias

A foison, chantant le long des maisons

Tandis que les moutons

Aux beiges toisons

Broutent à l'unisson.

Vivre

Je revis

Quand je regarde

Je révise quand je relis

Je construis et reconstruis

Je remarque et repeins

Repartir pour revivre,

Redécouvrir

Un redémarrage pour un regain

Voir renaître un renouveau

Retailler une pierre

Retoucher un tableau

Ramener un enfant

Rétablir une table

Raconter une histoire

Je remonte la rue

Je reprends confiance

Je respire

Et revis.

POLITIQUE DE L'UTILISATION DU RECUEIL

- Avoir les mains propres avant de l'ouvrir

- Ne pas fumer ni manger en le lisant

- Être disponible d'esprit

- Être confortablement installé

Bonne lecture

Créez ici votre index avec vos titres préférés